Alles über

Autos und Flugzeuge

Autos

Stationen der Automobilgeschichte

Auch wenn das Automobil eine relativ neue Erfindung ist, scheint es schon eine Ewigkeit her zu sein, dass die ersten Autos über staubige und holprige Straßen knatterten. Vor wenig mehr als 100 Jahren war jede Fahrt in der Benzinkutsche noch ein Abenteuer. Benzin gab es damals nur in der Apotheke zu kaufen und die Zuverlässigkeit ließ zu wünschen übrig. Nur wenige wohlhabende Menschen konnten sich diesen Luxus der Mobilität zunächst leisten. Das Auto bestimmt seit der Zeit nach dem Ersten Weltkrieg die wirtschaftliche Entwicklung auf der ganzen Welt. Nur über wenige andere Maschinen haben sich die Menschen so viele Gedanken gemacht.
Ständig strebte man seither nach Verbesserungen bei Motoren und Karosserien und entwickelte neue Sicherheitstechniken. Für den zunehmenden Autoverkehr mussten Gesetze und Regeln geschaffen werden, Straßen und sogar Autobahnen wurden durch Städte und Landschaften geschlagen. Heute ist eine Welt ohne Automobil nicht mehr vorstellbar, denn das Auto ist eines unserer wichtigsten Verkehrsmittel geworden und für den Personen- wie Warentransport gleichermaßen von Bedeutung. Damit wir es auch in der Zukunft nutzen können, ist noch viel Ingenieursleistung notwendig. Vorrangig ist die Entwicklung neuer Kraftstoffe, denn die Vorräte an Erdöl, aus dem Benzin gewonnen wird, gehen in wenigen Jahrzehnten zu Ende.

Autos für das Volk

Das erste Auto, das gebaut wurde, um „eine ganze Nation zu mobilisieren“, war der KdF-Wagen. Er wurde im Auftrag Adolf Hitlers in den Ingenieurbüros von Ferdinand Porsche entwickelt. Nach dem Zweiten Weltkrieg lief auf der Basis des KdF-Wagens der VW Käfer vom Band.
Das Auto für die breite Mehrheit der Bevölkerung bekam um 1950 einen Bruder für die wohlhabende Minderheit – den Porsche-Sportwagen.

Heckantrieb und Form kennzeichnen Autos aus den Porsche-Werkstätten.

Fachbegriffe

Wer mit einem bestimmten Fachwort nichts anzufangen weiß, schlägt auf Seite 31 nach. Dort werden zahlreiche Begriffe der Automobiltechnik erklärt.

Das erste Auto, das ohne Muskelkraft über die Straßen knatterte, war der Dampftraktor von Nicolas-Joseph Cugnot. Er wurde 1769 gebaut und war mit seiner Höchstgeschwindigkeit von nur 3,6 km/h langsamer als ein Fußgänger.

In diesem Dampfkessel wurde der für den Antrieb notwendige Dampf erzeugt.

Das ist ein luxuriös ausgestatteter Delaunay-Belleville F6. 1908 konnten sich nur Wohlhabende ein solches Auto leisten.

Das Verdeck konnte bei Regen geschlossen werden.

An der Hinterachse sind die Räder drehbar angebracht. Durch die Achsmitte verlaufen die Antriebswellen.

Die Räder wurden ursprünglich für Kanonen entworfen. Sie sind aus Holz gefertigt und haben Speichen wie die am Rad eines Fahrrads.

Die ersten Karosserien waren nicht selten aus Holz und wurden einfach mit lackierter Leinwand bespannt. Heute werden Autos aus Metallteilen zusammengesetzt.

Benzinmotoren

Der große Durchbruch des Automobils gelang erst mit der Erfindung neuer Motoren. Sie verbrannten Benzin oder Gas in einem geschlossenen Brennraum. Mehr über diese Verbrennungsmotoren ist auf den Seiten 10 und 11 zu lesen.

Dieser Benz wurde 1898 gebaut.

Eines der ersten Automobile, die mit dem „neuen" Kraftstoff angetrieben wurden, war der Motorwagen von Karl Benz. Von diesem 1886 öffentlich vorgeführten Auto baute man mehrere Exemplare. Es war also eines der ersten Autos, die „in Serie" produziert wurden.

Bald begannen verschiedene Firmen mit der Fertigung eigener Automobile. Bremsen und Beleuchtung wurden ständig verbessert, doch es ereigneten sich immer mehr Unfälle. Schließlich mussten erste Gesetze den Verkehr regeln und auch eine Geschwindigkeitsbeschränkung ließ nicht lange auf sich warten.

In England musste bis zum Jahr 1896 vor jedem Automobil ein Fußgänger herlaufen, der eine rote Fahne schwenkte.

Zuverlässigkeit

Die ersten Automobile waren alles andere als zuverlässig. Der Durchbruch gelang schließlich mit Einführung verbesserter Technik. Die Firma Rolls-Royce baute ihr erstes Luxusgefährt 1906. Um seine Haltbarkeit zu demonstrieren, wurde ein Wagen ohne Pause 24 120 km gefahren. Während der gesamten Fahrt musste dieser Rolls-Royce Silver Ghost nur einmal repariert werden.

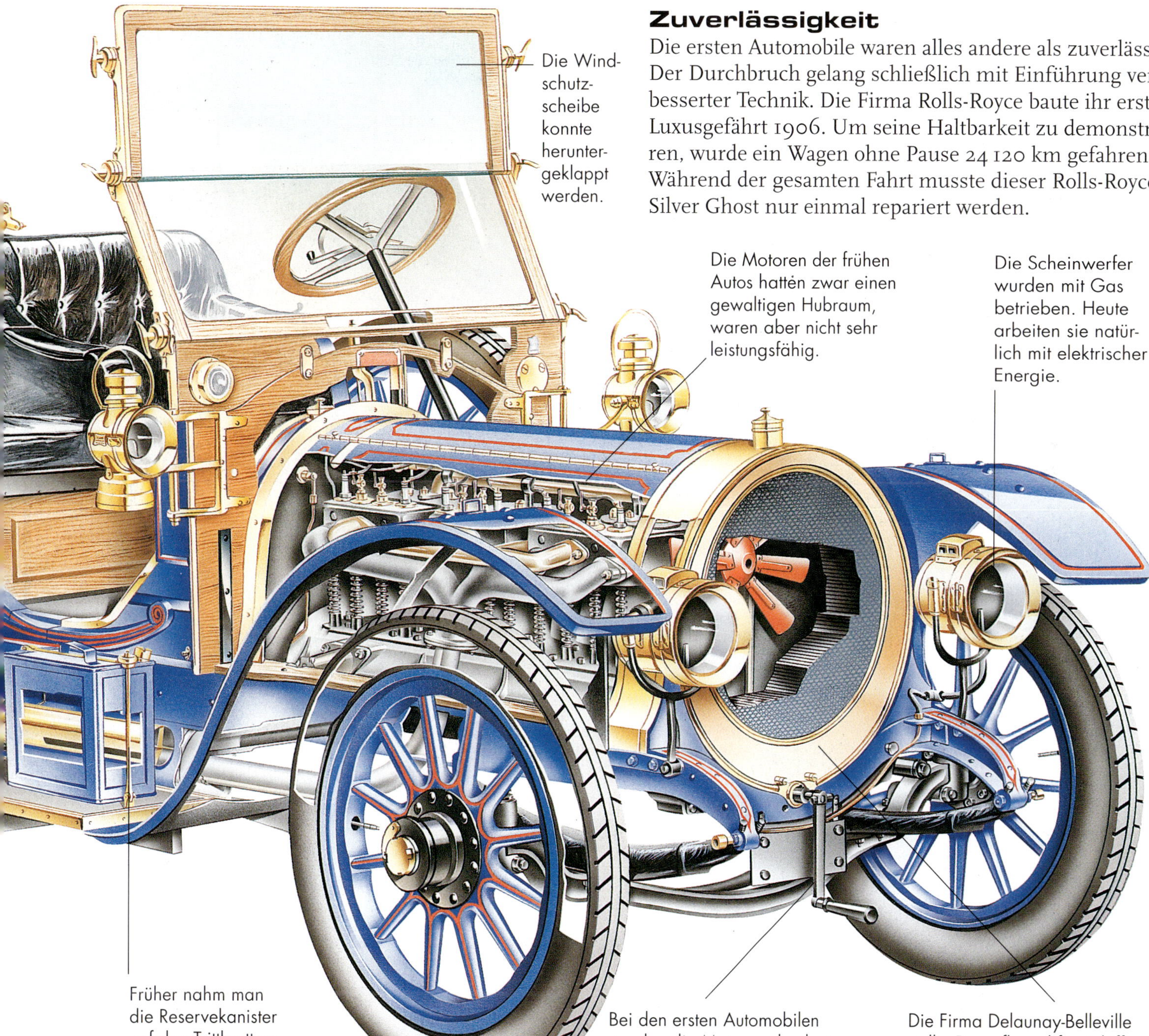

Moderne Autos

Ein moderner Volkswagen Golf

In rund 100 Jahren, die seit der Erfindung des Automobils vergangen sind, hat sich eine Menge getan. Auch wenn unsere modernen Autos scheinbar nichts mehr mit ihren Vorfahren gemeinsam haben, sind grundlegende Dinge übernommen worden. Die Autos benötigen vier Räder sowie ein Lenkrad und auch den Brennraum im Motor gibt es immer noch.

Hier ein VW Golf als Rallyeauto

Vom Entwurf bis zur Produktion

Von der ersten Zeichnung bis zum Serienmodell vergehen oft viele Jahre. Zuerst forschen die Herstellerfirmen nach den Kundenwünschen. Dann werden die Abmessungen und die Fahrzeugart festgelegt und auch über die Extras macht man sich schon früh Gedanken.

Das Leben eines Autos beginnt auf den Zeichenblöcken der Designer. Jedes Detail wird hier genau diskutiert. Designer und Ingenieure legen gemeinsam Formen und Farben fest.

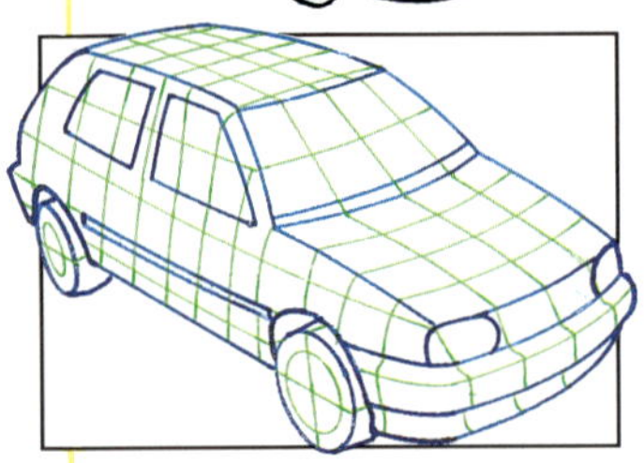

Wenn Größe und Art des Autos feststehen, beginnt die Arbeit an den Computern. Hier entwirft und prüft man alle Teile. Dann können Tonmodelle gefertigt werden.

Die Modelle werden in einem Windkanal (siehe auch Seite 17) optimiert. Das kann lange dauern. Erst wenn die Ingenieure zufrieden sind, werden die ersten Prototypen gebaut.

Mit den ersten fahrfertigen Autos werden Tests durchgeführt. Man optimiert jetzt auch die Sicherheit. Bei Crashtests wird eine ganze Reihe handgefertigter Prototypen zerstört.

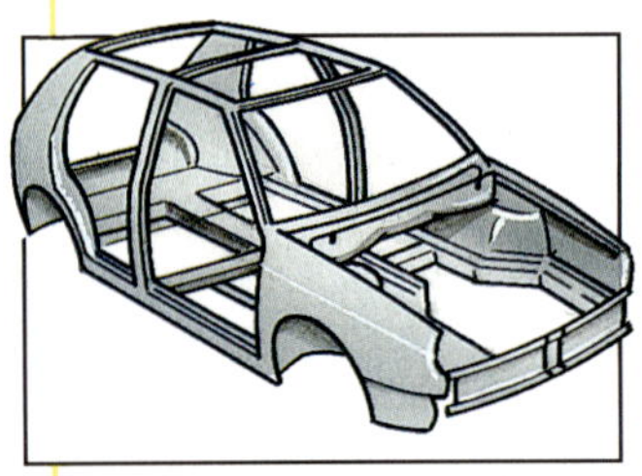

Für die Bauteile eines Autos müssen manchmal neue Fabriken gebaut werden. Teilweise fertigen aber auch andere Firmen Einzelteile und liefern sie dann an die Autofabrik.

Vor der Lieferung werden die Autos genau überprüft und getestet. Zwischen der ersten Zeichnung und dem ersten verkauften Auto liegen nicht selten fünf Jahre.

Familienautos

Eines der beliebtesten Familienautos rollt seit 1974 vom Band. Der VW Golf ist kompakt, sparsam und kann bis zu fünf Personen bequem mit einem Tempo von 170 km/h transportieren.

Selbsttragende Karosserie

Moderne Autos haben keinen Rahmen mehr. Die Karosserieteile sind fest miteinander verschweißt. Zusammen bilden sie eine selbsttragende Karosserie.

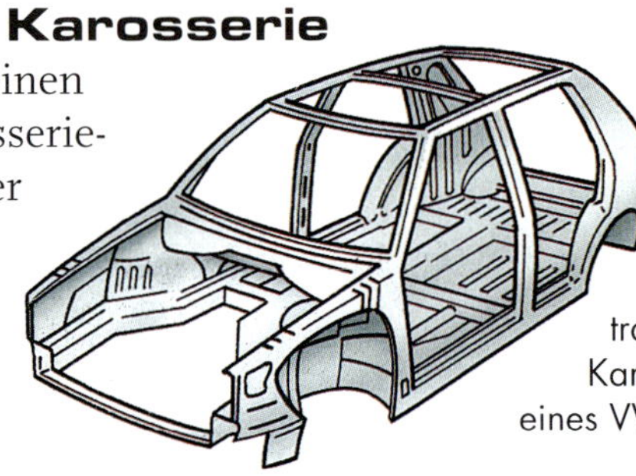

Selbsttragende Karosserie eines VW Golf

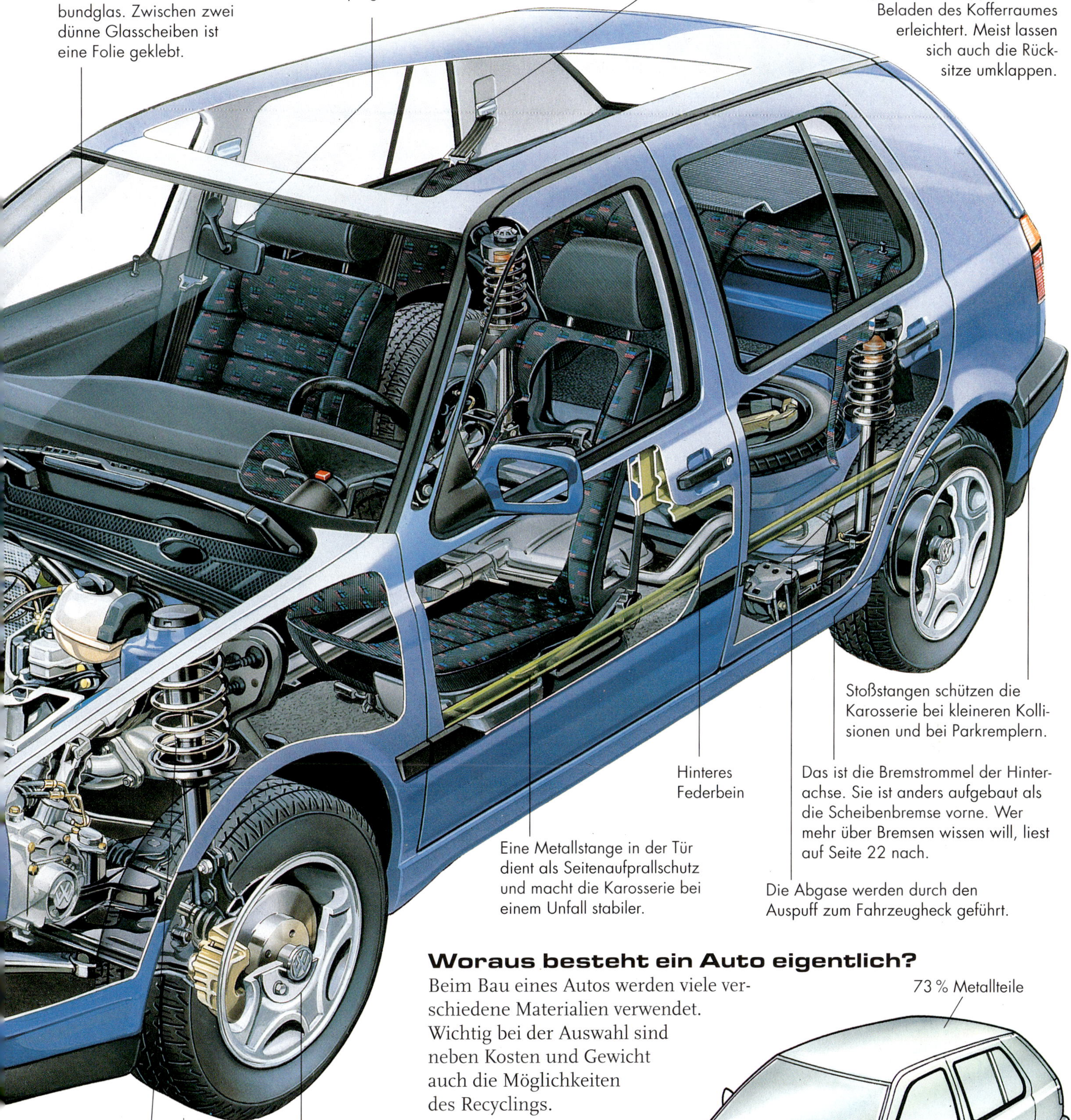

Woraus besteht ein Auto eigentlich?

Beim Bau eines Autos werden viele verschiedene Materialien verwendet. Wichtig bei der Auswahl sind neben Kosten und Gewicht auch die Möglichkeiten des Recyclings.

Diese Grafik zeigt, aus welchen Materialien ein Auto besteht. Die verschiedenen Farben stehen für die jeweiligen Anteile der enthaltenen Stoffe.

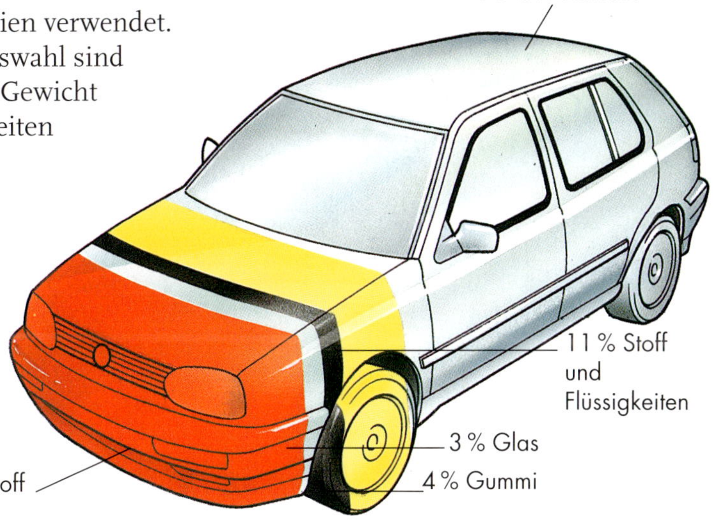

Sicherheit

Moderne Autos sind so konstruiert, dass ein Unfall nach Möglichkeit erst gar nicht passiert. Reifen, Bremsen und Fahrwerk sorgen für eine hohe aktive Sicherheit, also für ein gutes Fahrverhalten. Wenn sich aber doch einmal ein Unfall ereignet, werden die Insassen durch die passiven Sicherheitsvorkehrungen des Autos geschützt. Das Bild unten zeigt einen Crashtest, bei dem die Festigkeit der Karosserie überprüft wird.

Für Crashtests werden Dummys verwendet. Diese Puppen sind dem menschlichen Körper nachempfunden und zudem mit Sensoren ausgestattet, die beim Crash anzeigen, wie stark der Aufprall war.

Die Passagiere sind fest an ihren Sitz gegurtet. Moderne Autos lösen bei einem Unfall einen Gurtstraffer aus, der den Gurt in wenigen Millisekunden noch einmal straff zieht.

Die Sitzflächen unserer modernen Autos sind so geformt, dass die Passagiere bei einem Unfall nicht unter dem Gurt hindurchrutschen können.

Die Knautschzone hat sich verformt, die Fahrgastzelle aber ist praktisch unversehrt.

Der Airbag

Wenn ein Auto gegen ein Hindernis prallt, kommt es sofort zum Stillstand. Die Insassen bewegen sich aber mit fast unvermindertem Tempo auf das Lenkrad oder das Armaturenbrett zu. Um die Aufprallwucht zu mindern, wird im exakt vorberechneten Moment der Airbag gezündet. Dieser bläst sich wie ein Ballon auf und fängt die Insassen ab. Weil bis zum Aufprall nur sehr wenig Zeit vergeht, muss sich der Airbag sehr schnell aufblasen. Verantwortlich dafür ist ein Gasgenerator, der das Gas explosionsartig in den Airbag drückt und diesen dadurch füllt.

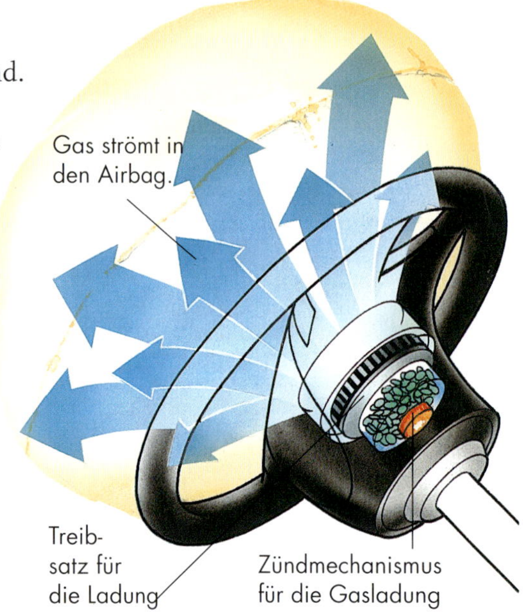

Sensoren an der Karosserie melden, wenn ein Aufprall erfolgt ist, und lösen im Steuergerät Alarm aus.

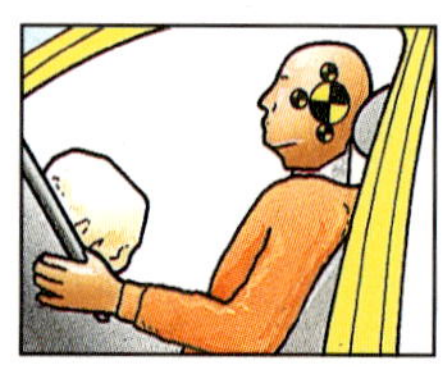

Der Gasgenerator bläst den Airbag auf, bevor der Kopf des Fahrers auf das Lenkrad prallen kann.

Der Airbag ist nach nur 40 Millisekunden voll aufgeblasen. Das ist kürzer, als wenn man mit den Augen blinzelt.

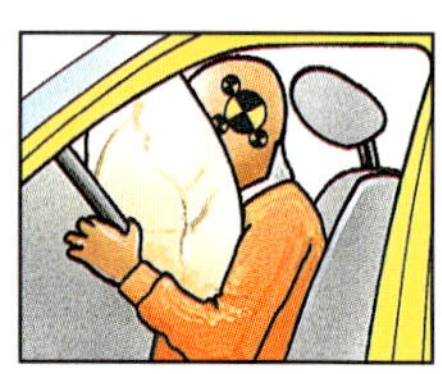

Sicherheitskarosserie

Früher waren Autos sehr steif und gaben bei einem Unfall nicht nach. Die Insassen mussten die ganze Bewegungsenergie selbst abbauen. Moderne Autos verformen sich nach einem exakt vorausberechneten Muster. Der Vorderbau und das Heck nehmen gezielt Energie auf und federn einen Aufprall ab. Die Aufprallenergie wird in die einzelnen Karosserieteile eingeleitet und verteilt sich so über das ganze Fahrzeug. Man nennt diese verformbaren Karosseriepartien auch Knautschzone.
Die Fahrgastzelle ist im Gegensatz zu den Anbauteilen sehr stabil und verformt sich bei den meisten Unfällen nicht. So schützt sie die Insassen.

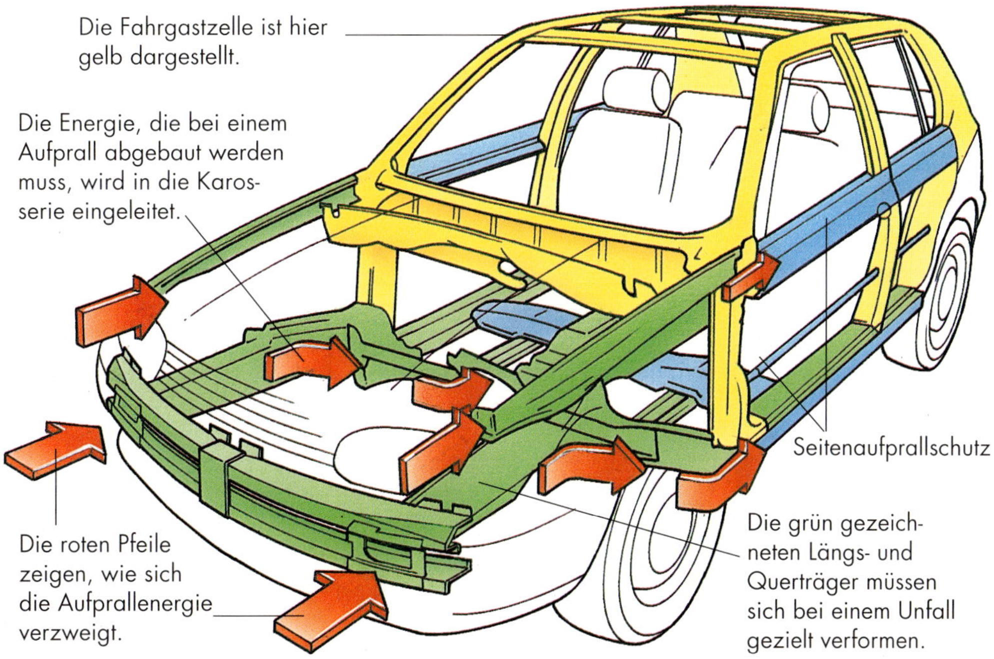

Seitenaufprallschutz

Bei vielen Unfällen prallt ein Auto in die Seite eines anderen. Damit dabei keiner der Insassen verletzt wird, sind die Türen innen mit Streben verstärkt. Sie verhindern, dass sich die Türen stark nach innen beulen. Moderne Autos haben zum Schutz der Insassen auch seitliche Airbags.

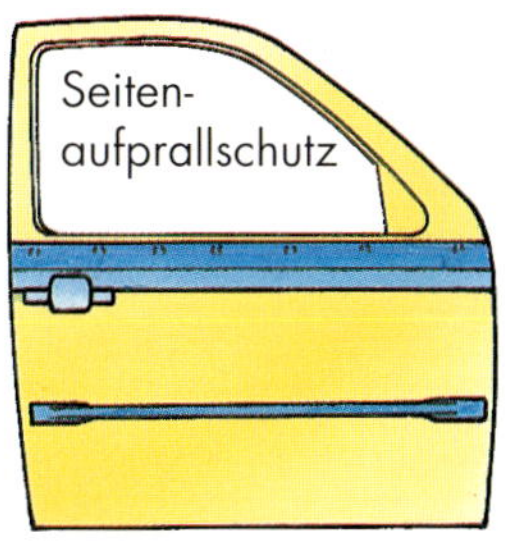

Computersimulation

Viele Automobilhersteller verwenden Computer, um den Schutz der Autoinsassen zu verbessern. Auf einem Rechner werden die exakten Daten des Autos eingegeben. Am Bildschirm kann dann jeder Unfall simuliert und die Verformung der einzelnen Teile genau überprüft und ausgewertet werden. Wenn sich schon hier Teile als zu schwach erweisen, können die Ingenieure schnell eingreifen. Jedes Teil kann in seiner Festigkeit so lange verändert werden, bis die optimale Schutzwirkung erreicht ist.
Erst dann stellt man Modelle her, die wiederum getestet werden.

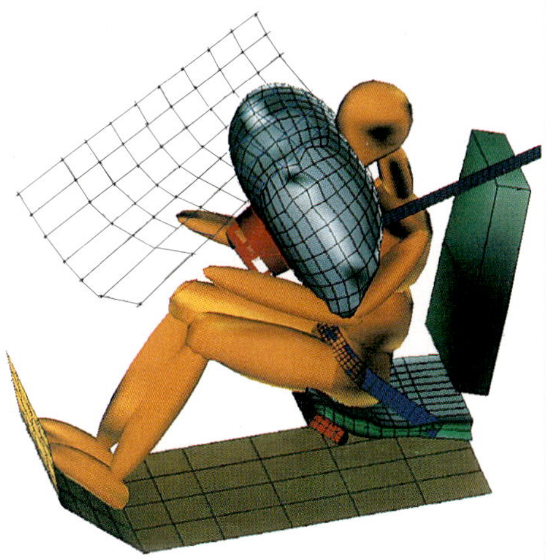

So sieht eine Computersimulation aus.

Die Tests am Bildschirm dauern zwar lange, doch die Techniker erfahren dabei viel über das Auto.

Crashtests

Bei Crashtests werden Autos von allen Seiten gegen feste Hindernisse gefahren oder abgerollt. Mithilfe von Computern und Videorecordern werden die Tests aufgezeichnet. Anschließend können die Ingenieure beurteilen, welche Teile am Auto noch zu verbessern sind.

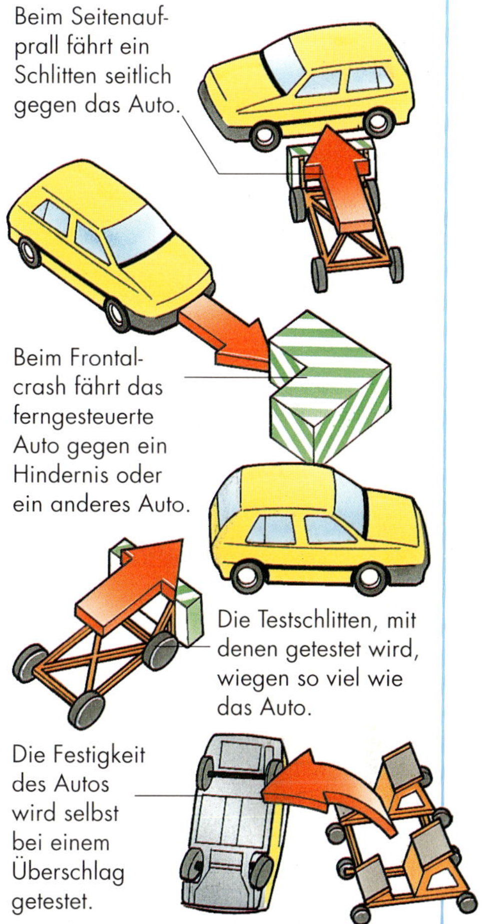

Bei Crashtests werden auch Videoaufnahmen gemacht.

Der Motor

Moderne Autos besitzen einen Verbrennungsmotor. Dieser heißt so, weil in den Brennräumen Benzin oder Gas verbrannt wird. Damit der Kraftstoff gut zündet, muss er zuvor mit Luft vermischt werden.

Wie funktioniert ein Viertaktmotor?

Diese Grafik zeigt die wichtigsten Teile eines Benzinmotors.

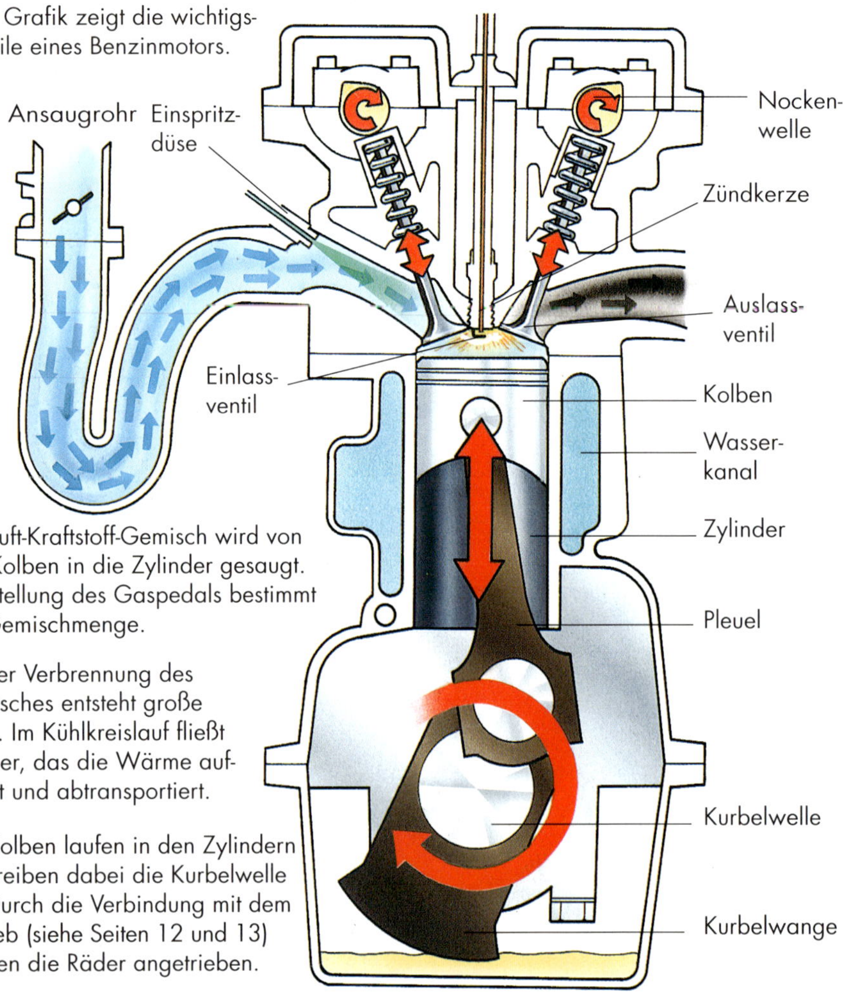

Das Luft-Kraftstoff-Gemisch wird von den Kolben in die Zylinder gesaugt. Die Stellung des Gaspedals bestimmt die Gemischmenge.

Bei der Verbrennung des Gemisches entsteht große Hitze. Im Kühlkreislauf fließt Wasser, das die Wärme aufnimmt und abtransportiert.

Die Kolben laufen in den Zylindern und treiben dabei die Kurbelwelle an. Durch die Verbindung mit dem Antrieb (siehe Seiten 12 und 13) werden die Räder angetrieben.

Die Bewegung der Kolben wird in vier Schritte unterteilt – daher auch der Begriff Viertaktmotor. Beim Ansaugen, Verdichten und Ausstoßen muss der Motor Arbeit leisten, nur im Arbeitstakt wird Energie frei.

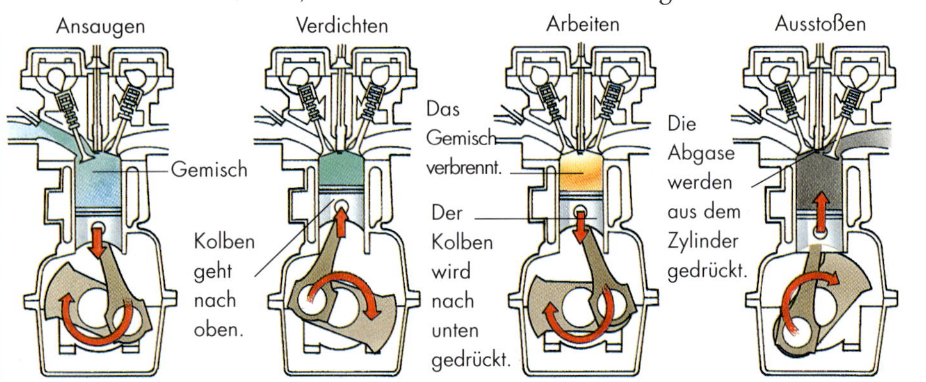

Bei der Abwärtsbewegung des Kolbens ist das Einlassventil geöffnet. Der Kolben saugt das Luft-Kraftstoff-Gemisch an.

Der Kolben läuft nach oben und verdichtet das Gemisch, alle Ventile sind geschlossen. Die Temperatur im Zylinder steigt.

Die Zündkerze entzündet das Gemisch. Die Verbrennung drückt den Kolben nach unten und treibt so die Kurbelwelle an.

Der Kolben läuft wieder nach oben. Das Auslassventil ist geöffnet, die heißen Abgase verlassen den Motor in Richtung Auspuff.

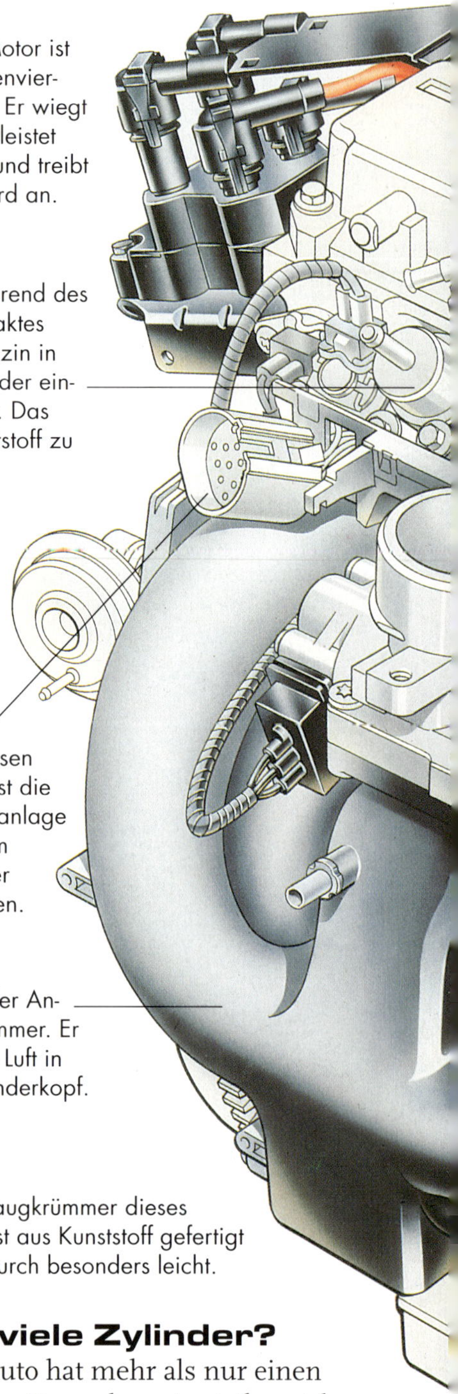

Dieser Motor ist ein Reihenvierzylinder. Er wiegt 130 kg, leistet 134 PS und treibt einen Ford an.

Nur während des Ansaugtaktes wird Benzin in die Zylinder eingespritzt. Das hilft Kraftstoff zu sparen.

Über diesen Stecker ist die Einspritzanlage mit einem Computer verbunden.

Das ist der Ansaugkrümmer. Er leitet die Luft in den Zylinderkopf.

Der Ansaugkrümmer dieses Motors ist aus Kunststoff gefertigt und dadurch besonders leicht.

Wie viele Zylinder?

Jedes Auto hat mehr als nur einen Zylinder. Normalerweise teilen sich vier Zylinder die Arbeit. Sportwagen und große Limousinen haben bis zu zwölf Zylinder. Es gibt verschiedene Arten, die Zylinder anzuordnen.

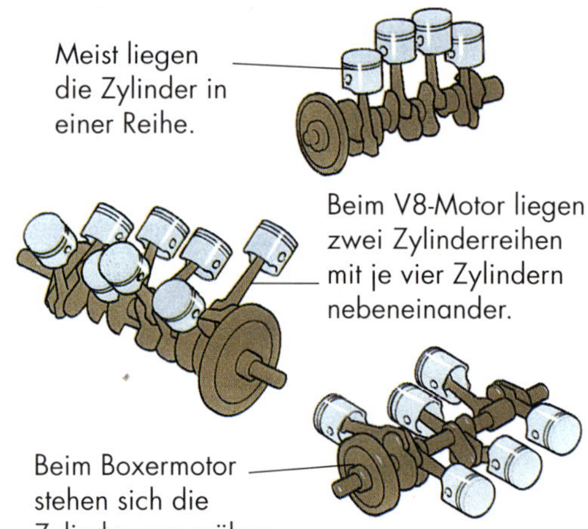

Meist liegen die Zylinder in einer Reihe.

Beim V8-Motor liegen zwei Zylinderreihen mit je vier Zylindern nebeneinander.

Beim Boxermotor stehen sich die Zylinder gegenüber.

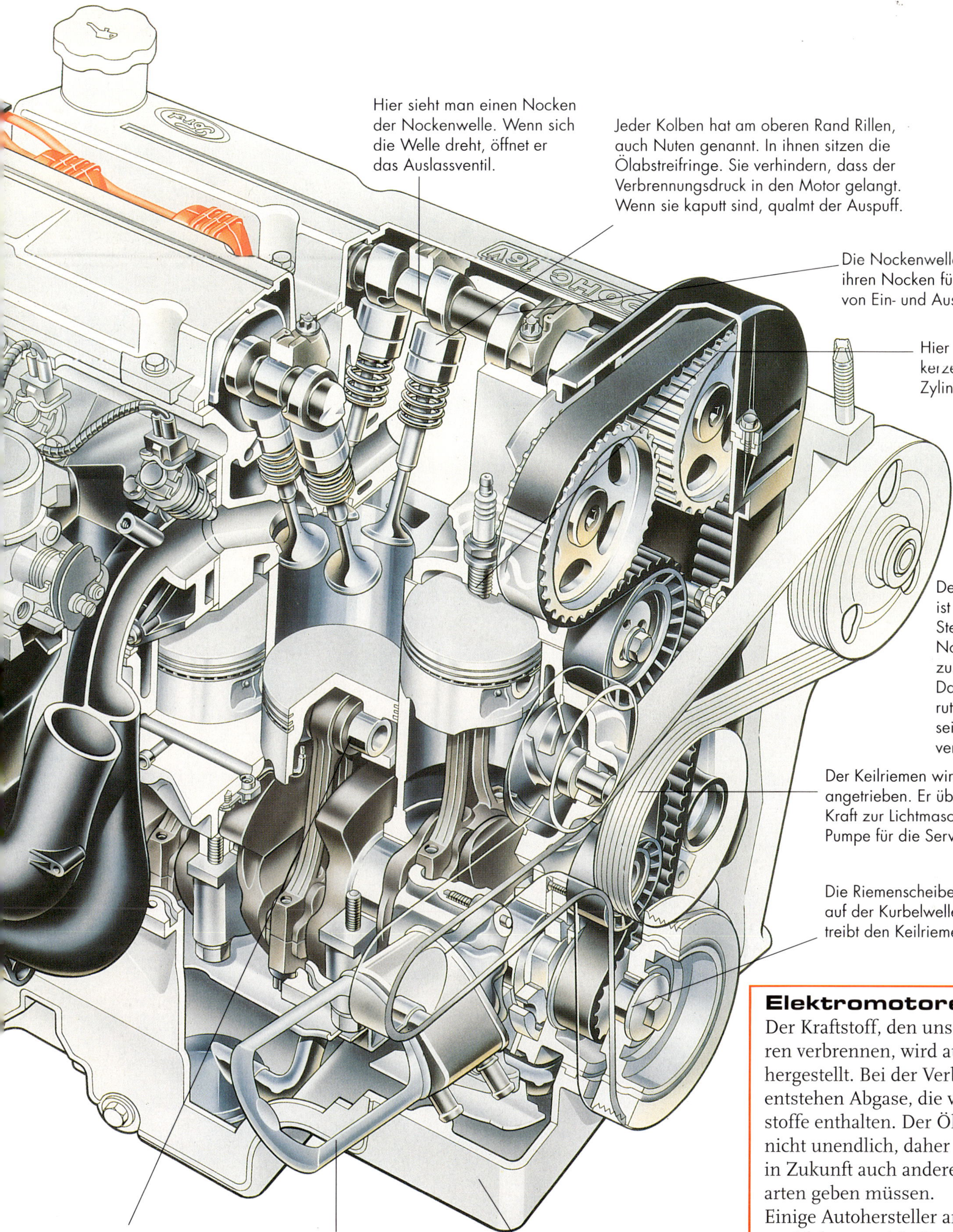

Motorleistung

Eine der wichtigsten Angaben, die man zu einem Motor machen kann, ist die Beurteilung seiner Leistung. Sie wird an der Kurbelwelle gemessen und sagt aus, wie leistungsfähig der Motor ist. „Normale" Autos haben um die 70 PS, die stärksten Sportwagen leisten mehr als 400 PS. Offiziell wird die Leistung eines Motors in Kilowatt (kW) angegeben. Ein kW entspricht 1,36 PS. Ingenieure rechnen mit kW, meist spricht man aber von PS.

Elektromotoren

Der Kraftstoff, den unsere Motoren verbrennen, wird aus Erdöl hergestellt. Bei der Verbrennung entstehen Abgase, die viele Schadstoffe enthalten. Der Ölvorrat ist nicht unendlich, daher wird es in Zukunft auch andere Antriebsarten geben müssen.
Einige Autohersteller arbeiten am Elektroantrieb. Das größte Problem stellen dabei noch die schweren Batterien dar, die Elektroautos mitschleppen müssten.

Dieses Elektroauto hat eine besonders strömungsgünstige Karosserie.

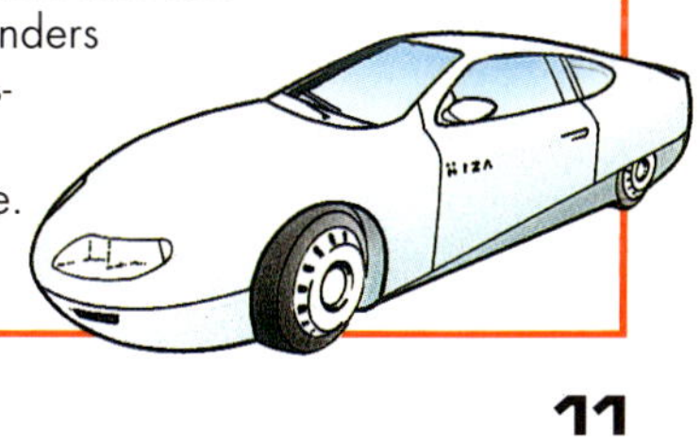

Der Antrieb

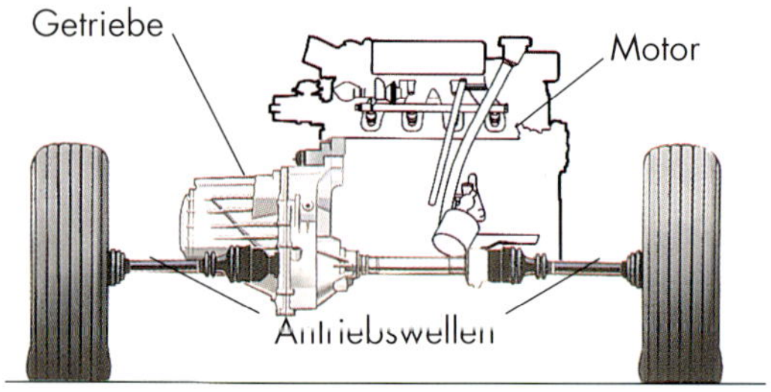

Der Antrieb überträgt die Kraft des Motors auf die Antriebsräder. Da ein Motor nur einen kleinen Drehzahlbereich hat, in dem er kräftig genug ist, ein Auto anzutreiben, muss jedes Auto oder Motorrad ein Getriebe mit verschiedenen Übersetzungen haben. Auch der Rückwärtsgang funktioniert nur mithilfe des Getriebes. Früher hatten alle Autos ihre Antriebsräder hinten. Heute kommt die Mehrzahl der Autos mit Vorderradantrieb auf den Markt, weil dieser billiger herzustellen ist als der Heckantrieb. Bei manchen Autos werden sogar alle vier Räder angetrieben.

Das Getriebe

Das größte Teil des Antriebs ist das Getriebe. Moderne Getriebe haben fünf Vorwärtsgänge und einen Rückwärtsgang. Hier sind die Bauteile des Getriebes aufgeführt und es wird erklärt, wie dieses funktioniert. Es sieht übrigens komplizierter aus, als es ist.

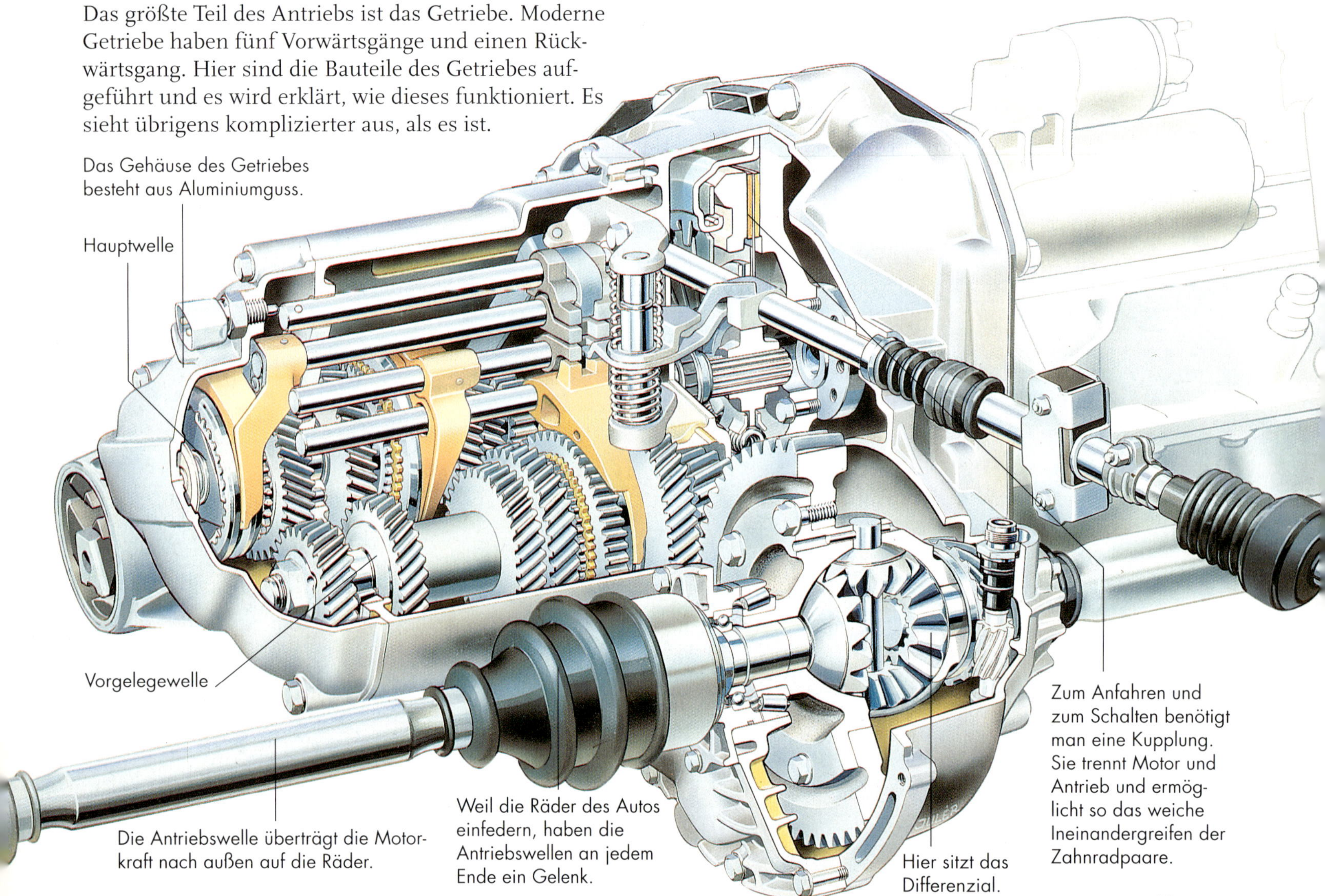

Was sind Gänge?

Die Übersetzungen der verschiedenen Zahnräder werden als Gänge bezeichnet. Auch der Rückwärtsgang wird erst durch Zahnräder möglich. Greifen zwei gleich große Räder ineinander, bleibt die Übersetzung gleich, die Drehrichtung kehrt sich um.

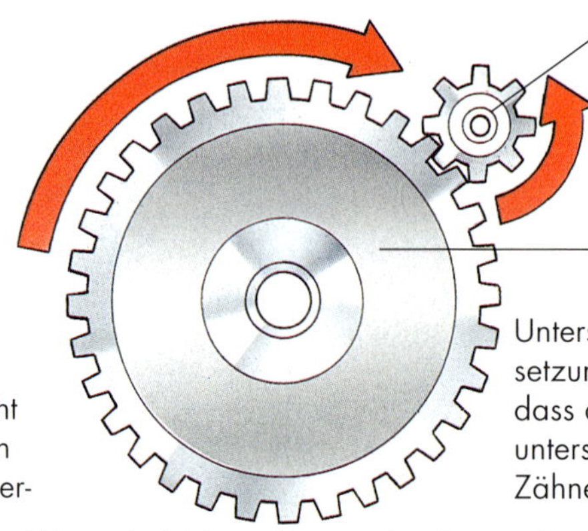

Wenn die Zahnräder verschieden groß sind, ist nicht nur die Drehzahl unterschiedlich hoch. Auch die Kraft, die sie übertragen können, ist unterschiedlich groß. Diese Kraft wird Drehmoment genannt und in Newtonmetern gemessen.

So arbeitet das Getriebe

Moderne Autos haben mindestens vier, häufig auch fünf Vorwärtsgänge. Das ist notwendig, damit das Auto eine hohe Geschwindigkeit erreichen kann, die Motordrehzahl bei niedriger Geschwindigkeit andererseits aber nicht zu gering wird und der Motor abstirbt. Einige Sport- und Rennwagen haben sechs Gänge. Der Fahrer hat dann zwar mehr Arbeit beim Schalten, kann die optimale Motordrehzahl aber auch einmal mehr ausnutzen.

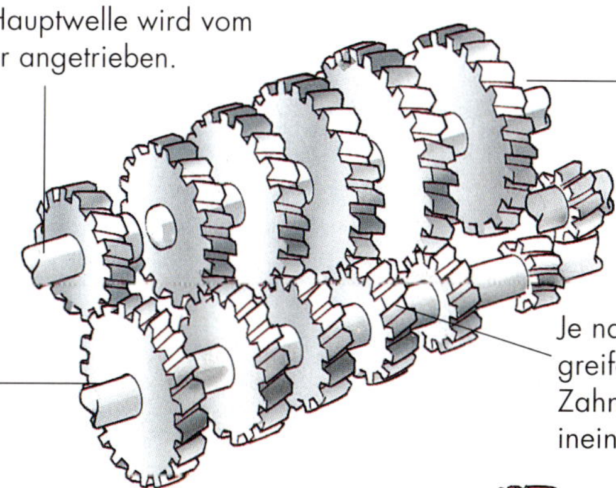

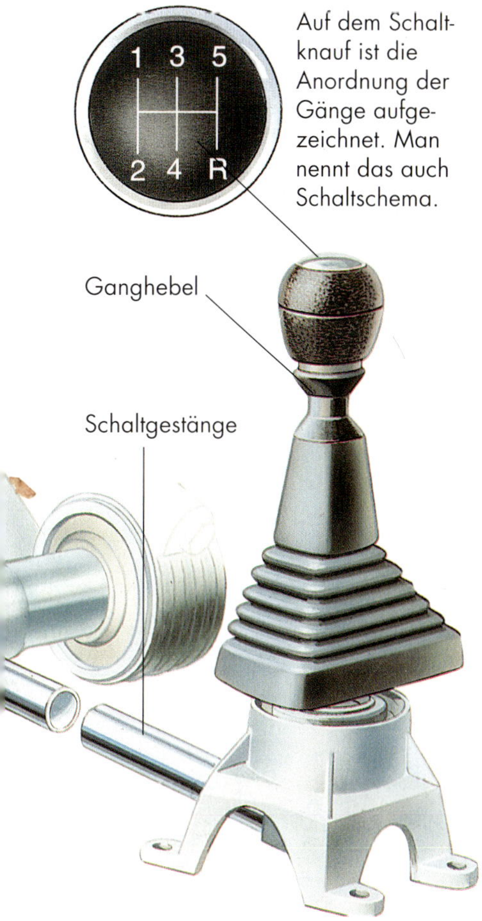

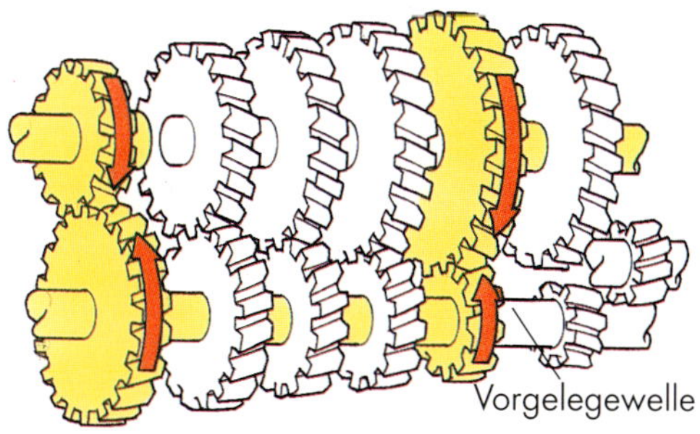

Wenn der erste Gang eingelegt ist, greifen ein großes und ein kleines Zahnrad ineinander. Das Auto fährt langsam, aber mit viel Kraft.

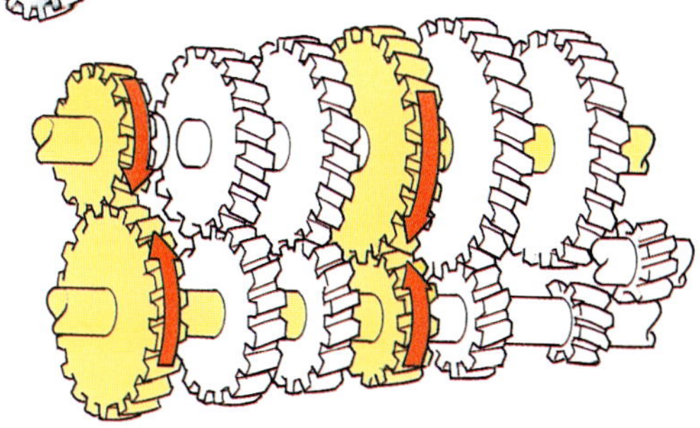

Im zweiten Gang ist der Unterschied zwischen den Zahnrädern nicht mehr so groß wie im ersten Gang; die Übersetzung ist also länger.

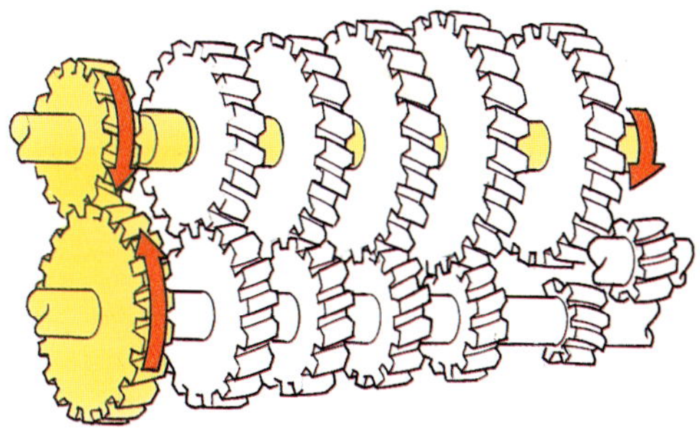

Ist schließlich der höchste Gang eingelegt, wird die Kraft direkt in den Antrieb geleitet, es gibt jetzt keine Übersetzungsänderung.

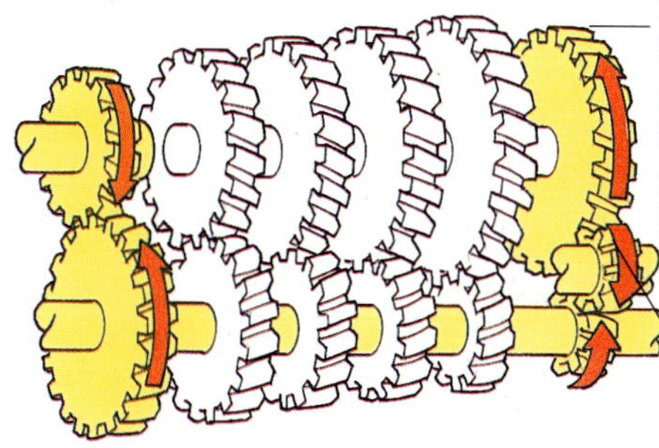

Wenn man den Rückwärtsgang braucht, wird ein kleines Zahnrad zugeschaltet. Es kehrt die Drehrichtung des Antriebs um. Das Auto fährt zurück.

Was ist ein Differenzial?

Wenn ein Auto um eine Kurve fährt, drehen sich die Räder auf der Außenseite schneller als auf der Kurveninnenseite, denn sie müssen einen längeren Weg zurücklegen. Das Differenzial ist eine komplizierte Anordnung von Zahnrädern, welche die beiden Antriebswellen voneinander trennt und so das Verspannen zwischen den beiden Rädern verhindert.

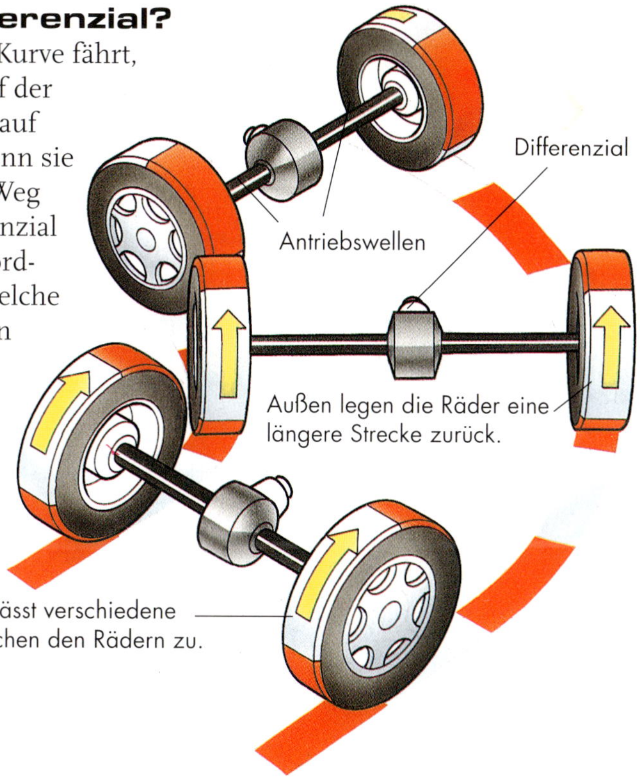

Automatikgetriebe

Vor allem in der Stadt kann das Schalten stören. Wer die Gänge lieber wie von Geisterhand wechseln lassen möchte, fährt ein Auto mit Automatikgetriebe. Hier werden die einzelnen Gangstufen automatisch gewählt. Eine Kupplung gibt es bei diesen Autos nicht.

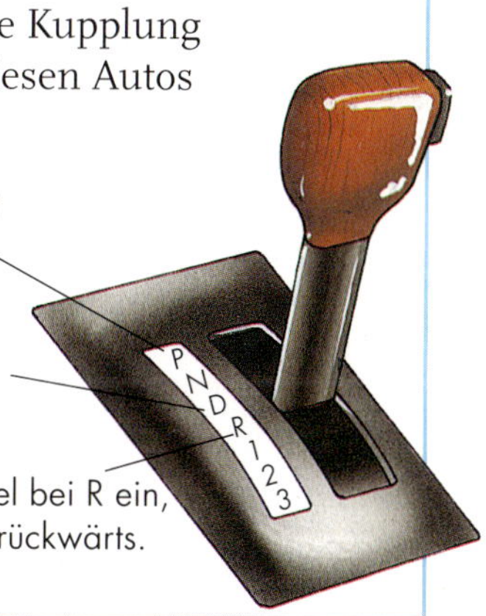

Formel-1-Rennwagen

Die Formel 1 ist die weltweit beliebteste Rennsportformel. Die Wagen sind superschnell und erreichen auf manchen Rennstrecken bis zu 350 km/h. Die komplizierte Technik der bunten Flitzer wird bei solchen Rennen extrem belastet. Was sich hier bewährt, findet nicht selten den Weg in Serienautos.

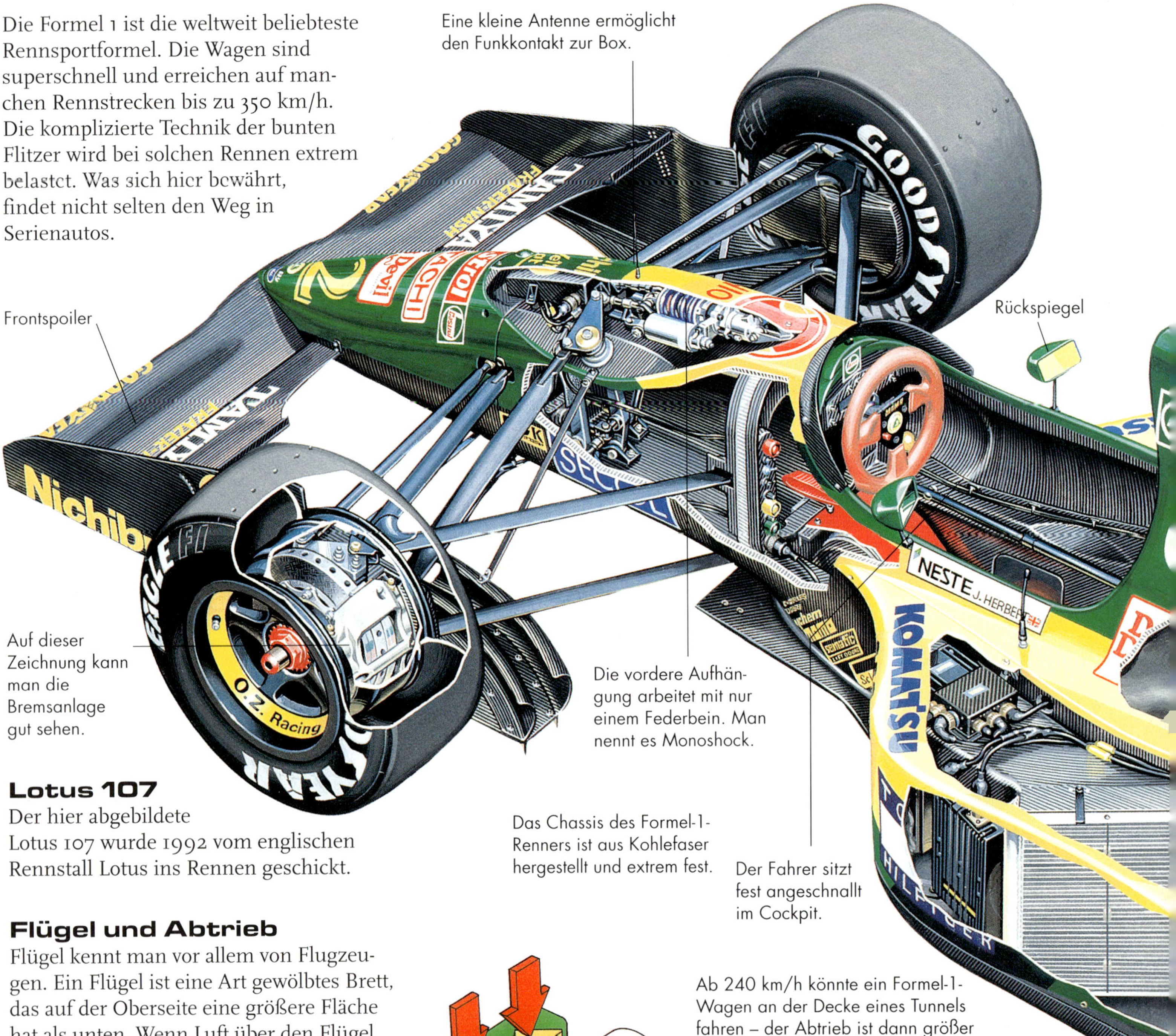

Lotus 107

Der hier abgebildete Lotus 107 wurde 1992 vom englischen Rennstall Lotus ins Rennen geschickt.

Flügel und Abtrieb

Flügel kennt man vor allem von Flugzeugen. Ein Flügel ist eine Art gewölbtes Brett, das auf der Oberseite eine größere Fläche hat als unten. Wenn Luft über den Flügel strömt, bildet sich auf der Seite, auf der der Wind eine längere Strecke zurücklegen muss, Unterdruck. Dieser saugt den Flügel nach oben und hebt das Flugzeug an.

Der Flügel geht nach oben.

Die Flügel eines Rennwagens arbeiten wie falsch montierte Flugzeugflügel. Sie heben den Rennwagen also nicht an, sondern pressen ihn auf die Piste. Man spricht von Abtrieb. So kann der Pilot schneller durch eine Kurve fahren, als es die Reifen erlauben würden. Die Größe der Flügel ist festgelegt.

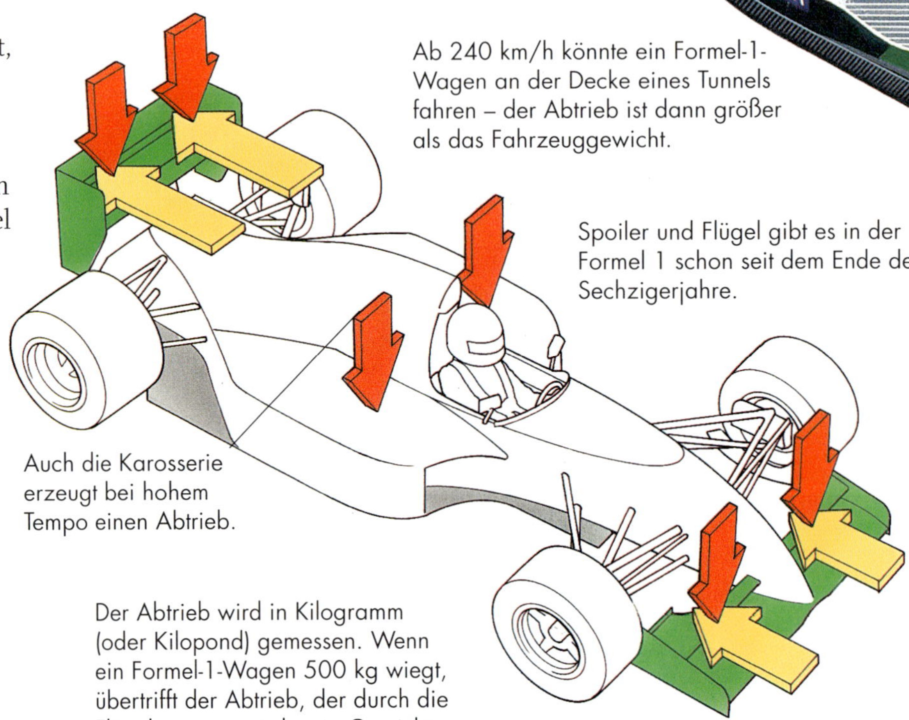

Der englische Rennfahrer Jonny Herbert sitzt hier in seinem Lotus 107.

Formel-1-Motoren

Auch wenn in der Formel 1 alle Teile extrem belastet werden, so hat der Motor sicher die meiste Arbeit. Während des Rennens werden die wichtigsten Motordaten per Funk an die Boxen geschickt, damit die Techniker sehen können, ob alles in Ordnung ist oder etwas verbessert werden muss. Nach jedem Rennen werden die Motoren komplett zerlegt und überarbeitet.

Die Belastung des Motors ist besonders hoch. Daher benötigen moderne Rennmotoren ausgezeichnetes Motoröl.

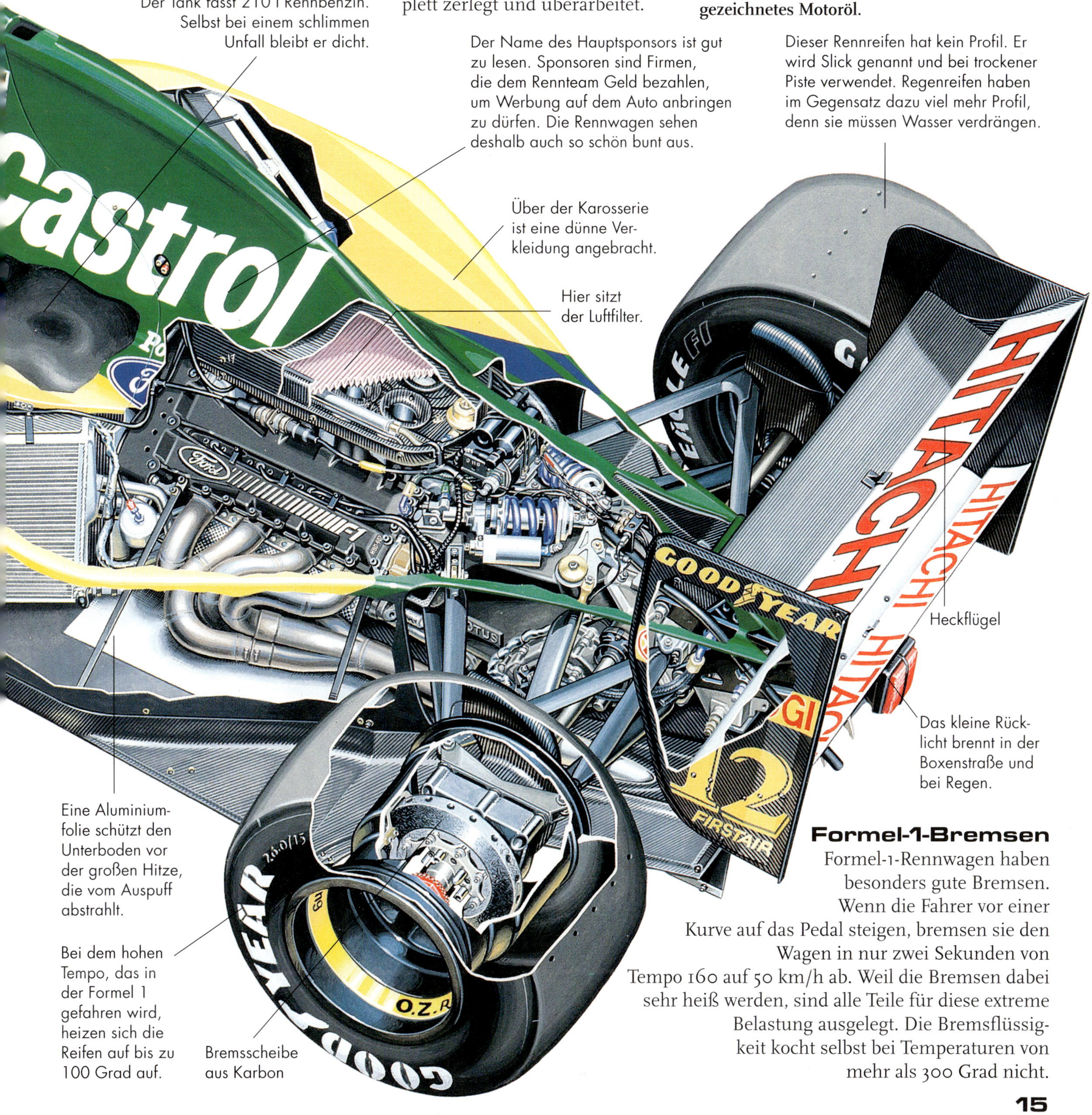

Formel-1-Bremsen

Formel-1-Rennwagen haben besonders gute Bremsen. Wenn die Fahrer vor einer Kurve auf das Pedal steigen, bremsen sie den Wagen in nur zwei Sekunden von Tempo 160 auf 50 km/h ab. Weil die Bremsen dabei sehr heiß werden, sind alle Teile für diese extreme Belastung ausgelegt. Die Bremsflüssigkeit kocht selbst bei Temperaturen von mehr als 300 Grad nicht.

Aerodynamik

Um Aerodynamik verstehen zu können, muss man etwas über Reibung wissen. Reibung entsteht jedes Mal, wenn zwei Körper aneinander reiben. Werden zwei Hände fest aneinander gerieben, entsteht sogar Reibungshitze. Je fester man die Hände dabei aneinander presst, umso mehr Kraft wird benötigt.

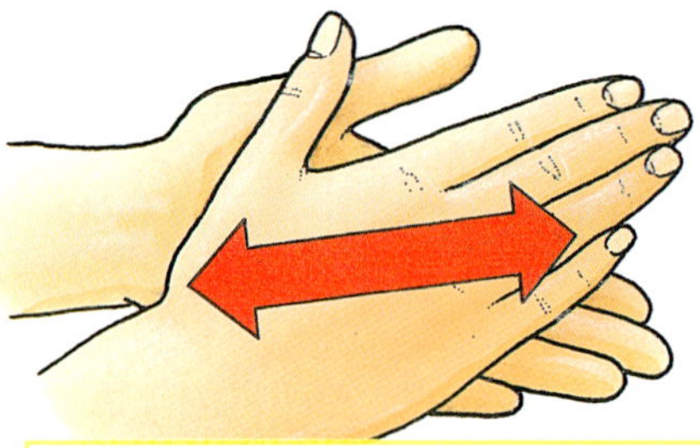

Das Überwinden von Reibung erfordert also Energie, deren Höhe abhängig ist von der Oberfläche und von der Bewegungsgeschwindigkeit.
Nasse Hände lassen sich leichter reiben; benutzt man Seifenwasser, gleiten die Hände noch geschmeidiger aneinander vorbei.

Ohne Reibung würde sich kein Auto bewegen, denn nur Reifen, die fest auf den Boden gedrückt werden, übertragen die Motorkraft. Auch beim Bremsen spielt Reibung eine große Rolle.

Selbst bei Steigungen baut sich noch Reibung auf.

Luftreibung

Wenn sich ein Auto in einem Luftstrom bewegt, entsteht Reibung. Unsere modernen Autos sind strömungsgünstiger als Oldtimer, bei denen man noch keinen Wert auf hohe Geschwindigkeiten und geringen Benzinverbrauch gelegt hat.

Das ist ein typisches Auto der Zwanzigerjahre.

Kastenform mit Kanten

Auch das Heck entscheidet über den c_W-Wert. Ein kantiges Heck verursacht Wirbel, die den Benzinverbrauch erhöhen.

Aerodynamik beschreibt die Fähigkeit eines Objekts sich durch die Luft zu bewegen. Zuerst wurden diese wissenschaftlichen Erkenntnisse im Flugzeugbau eingesetzt, inzwischen werden sie auch bei Autos, Motorrädern und Lastwagen angewendet.

Diese Pfeile zeigen an, wie der Luftstrom über das Auto streicht.

Moderne Autos haben abgerundete Karosserieformen, weil diese dem Fahrtwind weniger Widerstand entgegensetzen. Man spricht daher auch von einer Stromlinienform, denn es bilden sich keine Wirbel, die den Luftwiderstand vergrößern könnten.

Das verbessert die Aerodynamik

Die Kotflügel reichen nahe an die Reifen.

Die Türgriffe liegen flach an der Karosserie an.

Alle Lampen sind in die Karosserie eingelassen.

Die Scheiben liegen möglichst flach im Wind.

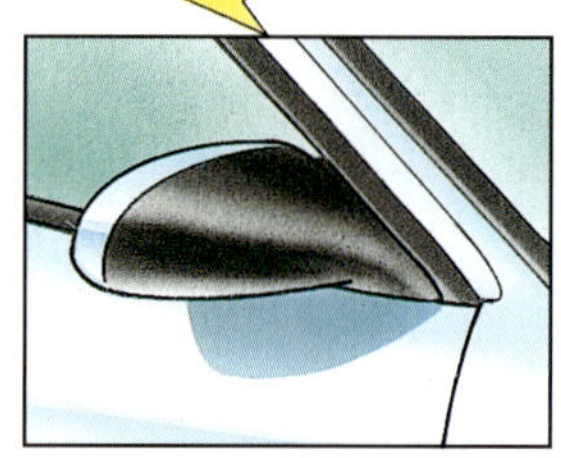

Die Rückspiegel sind abgerundet.

Der c_W-Wert

Der c_W-Wert sagt aus, wie viel Widerstand ein Körper einem Luftstrom entgegensetzt. Ein Würfel hat dabei den Wert 1. Je strömungsgünstiger ein Auto gebaut ist, desto weniger Energie braucht es, um voranzukommen. In den Sechzigerjahren lag der c_W-Wert von Autos bei 0,5, moderne Wagen erreichen heute einen Standard von 0,3.

Dieser Prototyp sieht zwar ungewöhnlich aus, hat aber einen c_W-Wert von nur 0,19.

Die Reibung verringern

Immer wenn sich Autoteile aneinander bewegen, entsteht auch Reibung. Je glatter eine Oberfläche, desto geringer ist die Reibung. Die aneinander reibenden Oberflächen müssen daher immer geschmiert werden, sonst nutzen sie sich schnell ab. Bei Autos wird dafür Fett oder Öl verwendet; man spricht auch von den Schmiermitteln.

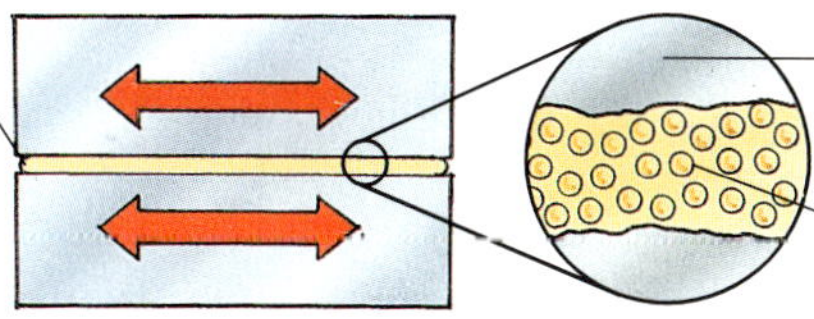

Wenn zwei Körper aufeinander abrollen, entsteht weniger Reibung, als wenn sie aufeinander gleiten. Zieht man zum Beispiel ein Buch über den Tisch, geht das schwerer, als wenn man ein paar Murmeln unterlegt, auf denen das Buch gerollt wird. Um die Reibung am Auto zu verringern, sind viele bewegliche Teile mit einem Kugellager versehen.

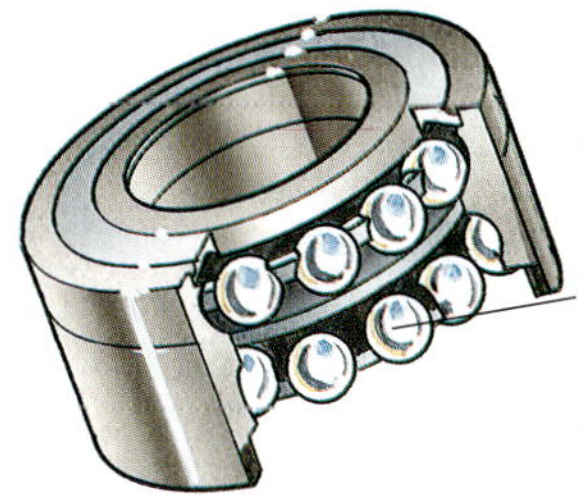

Der Windkanal

Eine wichtige Erfindung zur Verbesserung der Aerodynamik war der Windkanal. In dessen ringförmiger Röhre wird die Luft durch einen großen Propeller beschleunigt. Ein Auto, das im Windkanal steht, zeigt den Technikern, wie es sich bei einer bestimmten Geschwindigkeit verhält. Dann wird die Form optimiert, damit das fertige Auto möglichst wenig Benzin verbraucht.

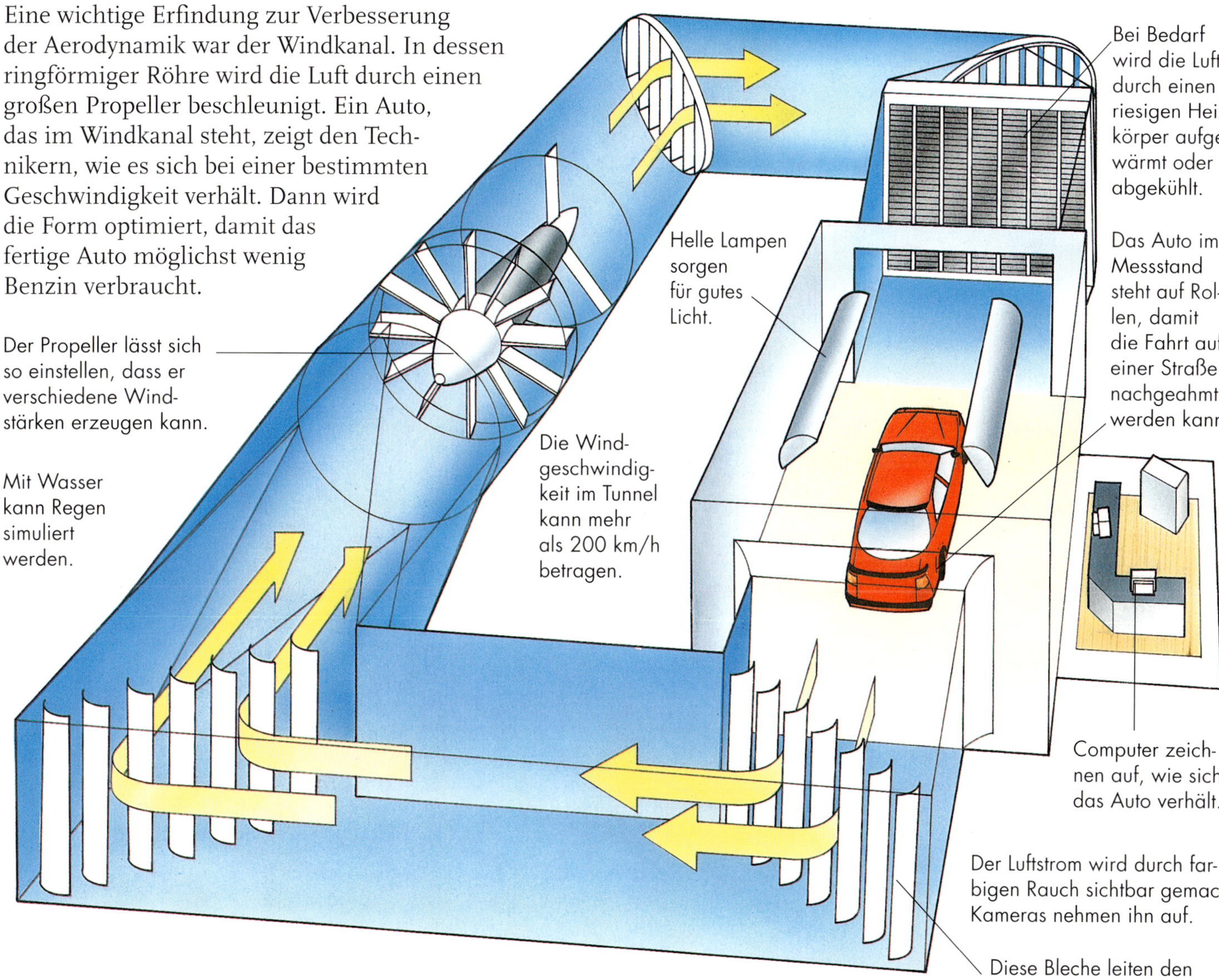

Wie kontrolliert man den Luftstrom?

Luft ist durchsichtig, aber die Strömung über die Karosserie muss überprüft werden. Die Ingenieure haben eine Möglichkeit gefunden, Luft sichtbar zu machen.

Ein Techniker färbt den Luftstrom weiß ein. Dadurch werden die Wirbel, die am Auto entstehen, deutlich erkennbar.

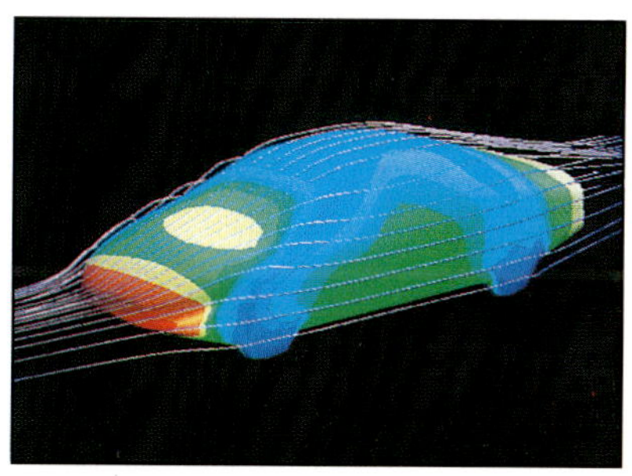

Am Computer werden die Luftströmungen sichtbar. Rechner und spezielle Computerprogramme haben die Arbeit im Windkanal sehr erleichtert.

Rennwagen vergangener Zeiten

Seitdem es Autos gibt, werden damit Rennen ausgetragen. Die erste Wettfahrt fand schon 1895 in Frankreich statt. Zu Anfang des 20. Jahrhunderts baute man die ersten Autos speziell für Rennen. Sie traten bei den großen Rennen wie der Mille Miglia in Italien oder im französischen Le Mans gegeneinander an. Viele alte Rennwagen wurden restauriert und sind heute in Museen zu bewundern oder sie starten bei Oldtimerrennen.

Hier sitzt der ungeschützte Tank. Bei einem Unfall fing das Auto schnell Feuer.

Bei schlechtem Wetter lässt sich das Verdeck schließen – sicher keine leichte Aufgabe bei dieser hohen Karosserie.

Die Kotflügel ähneln den Schutzblechen von Fahrrädern.

Der Fahrer und sein Kopilot mussten sich gut festhalten, denn es gab noch keine Sicherheitsgurte.

Bentley 4,5 Litre

Dieser berühmte Rennwagen stammt aus dem Jahr 1930. Eine frühere Version war schon in den Zwanzigerjahren erfolgreich und gewann zwischen 1927 und 1930 jedes Jahr die 24 Stunden von Le Mans. Der Hubraum seiner Zylinder hat dem Bentley die Bezeichung 4,5 Litre eingebracht. Man misst den Hubraum in Kubikzentimetern (cm^3); also hat der Bentley 4500 cm^3.

Dieser schöne Bentley 4,5 Litre steht perfekt restauriert im Automuseum von Beaulieu in England.

Das moderne Le Mans

Jedes Jahr wird in Le Mans ein Autorennen ausgetragen, das 24 Stunden dauert. Wer in dieser Zeit die meisten Runden schafft, ist Sieger. Seit der Zeit, als Aston Martin, Ferrari oder Bentley erfolgreich waren, haben sich die Autos natürlich stark verändert. 1927 erreichte der Sieger, ein Bentley, eine Durchschnittsgeschwindigkeit von 98 km/h. 1993 legte der Schnellste die Strecke mit unglaublichen 214 km/h zurück und war damit doppelt so schnell wie der Bentley, der mit dreifachem Gewicht an den Start rollen musste. Moderne Rennwagen sind viel leichter als ihre Vorgänger und erreichen, wie etwa der Peugeot von 1993, eine Spitzengeschwindigkeit von fast 400 km/h.

Dieser Peugeot 905B-EV11 gewann 1993 das Rennen von Le Mans.

Die Abdeckungen der Karosserie lassen sich in großen Teilen abnehmen. So können die Mechaniker an den Boxen besser arbeiten.

Der SA35-Motor im Peugeot leistet mehr als 600 PS (siehe auch Seite 11) und hat damit dreimal so viel Leistung wie der Motor des Bentley von 1927.

Durch diese Lufteinlässe werden die hinteren Bremsen gekühlt.

Die Rennen in Le Mans

Bentley war eine von vielen erfolgreichen Marken, die in Le Mans starteten. Zuvor hatte Bugatti gewonnen, später kämpften Jaguar und Ferrari um den Sieg. Damals saßen die Rennfahrer in offenen Autos. Um warm und trocken zu bleiben, waren sie dick angezogen und trugen einen Lederanzug, eine Sturmhaube sowie eine Brille gegen den Staub.

Ein Bentley beim Rennen in Le Mans – das ist fast 70 Jahre her.

Als es noch keine Sponsoren gab, hatten alle Rennwagen eine bestimmte Farbe. Die englischen Bentleys waren dunkelgrün – British racing green.

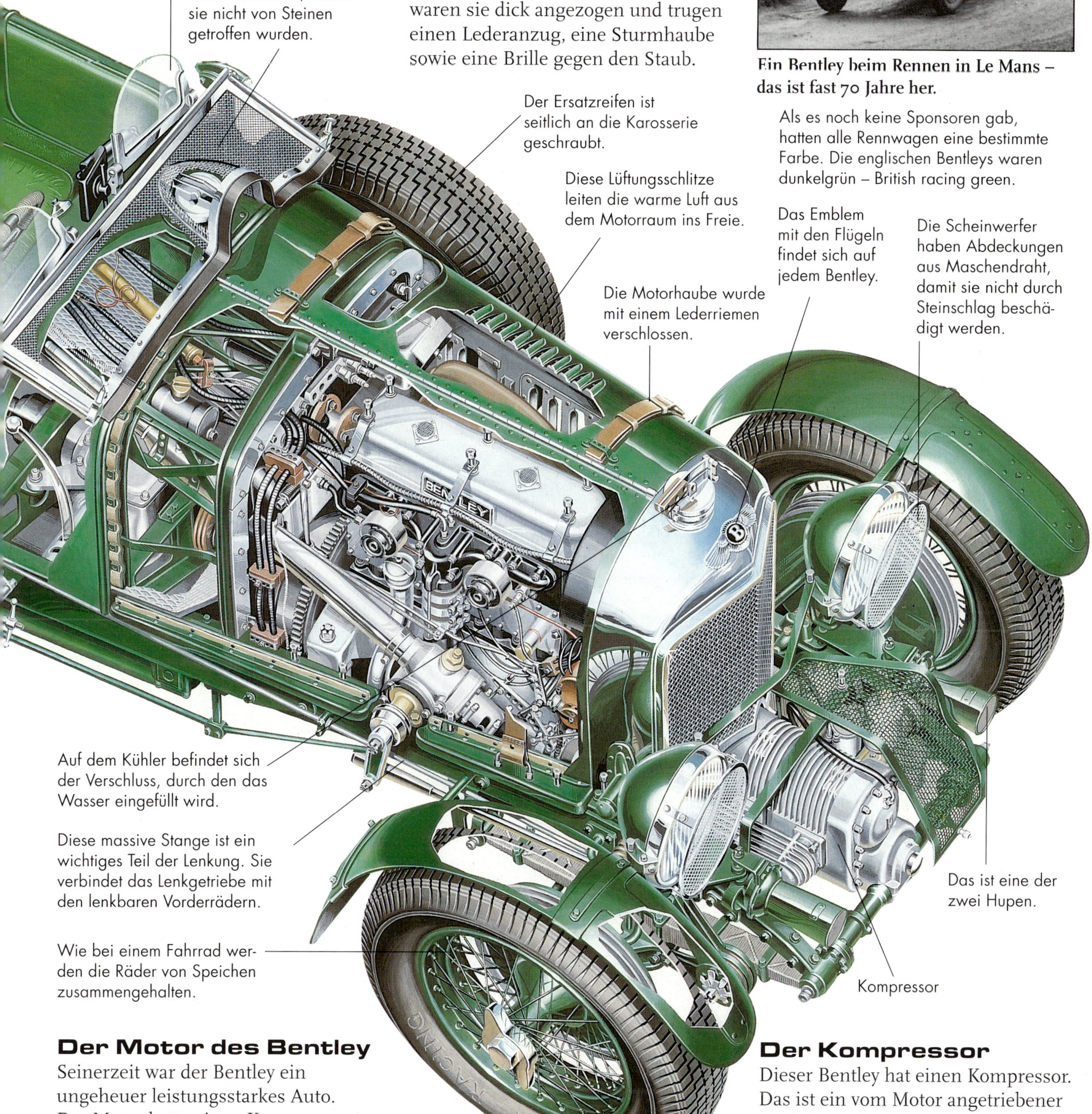

Der Motor des Bentley

Seinerzeit war der Bentley ein ungeheuer leistungsstarkes Auto. Der Motor hatte einen Kompressor und leistete unglaubliche 240 PS. Damit erreichte der schwere Rennwagen immerhin 200 km/h.

Der Kompressor

Dieser Bentley hat einen Kompressor. Das ist ein vom Motor angetriebener Verdichter, der dem Motor über die Zylinder Frischluft zuführt und so die Leistung erhöht. Der Fahrer kann ihn von seinem Platz aus zuschalten.

Das Fahrwerk

Das Fahrwerk eines Autos sorgt dafür, dass die Fahrt erträglich wird. Federn und Dämpfer lassen die Karosserie über Bodenwellen und Löcher hinweggleiten, ohne die Insassen zu sehr durchzuschütteln. Das Fahrwerk ist auch für den guten Bodenkontakt der Reifen verantwortlich. Ohne Stoßdämpfer würde das Auto nicht in der Spur bleiben. Es gibt verschiedene Fahrwerktypen. Die meisten Autos werden mit Federbeinen ausgestattet, wie sie rechts zu sehen sind.

Das aktive Fahrwerk

Manche Autos haben ein aktives Fahrwerk, bei dem ein Computer für die Anpassung der Stoßdämpfer sorgt. Ein Sensor erkennt die Karosseriebewegung und ein Rechner sorgt für optimale Dämpfung, sodass sich die Karosserie nicht mehr so stark neigt.

Bäumt sich das Auto beim Beschleunigen vorne auf, wirken die Dämpfer entgegen.

In einer scharfen Kurve will das kurveninnere Rad ausfedern, die aktive Dämpfung verhindert das.

Beim Bremsen verhindert die aktive Aufhängung, dass das Auto vorne stark eintaucht.

Der Ritt auf den Federn

Wenn ein Auto über eine Bodenwelle fährt, werden die Federn zusammengestaucht. Da sich Federn anschließend wieder genauso schnell und weit ausdehnen, wie sie zusammengedrückt wurden, müssen sie gedämpft werden.

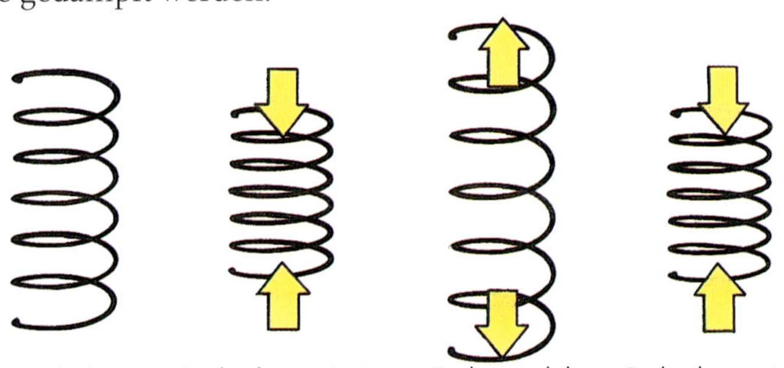

Wird eine Feder belastet, verwindet sie sich und wird kürzer. Wenn man sie schnell entlastet, schwingt sie lange Zeit nach. Wird jede Feder mit einem eigenen Stoßdämpfer verbunden, dann ist dieses Problem behoben.

Wenn ein Auto nur Federn hätte …

… würde die Karosserie lange Zeit nachschwingen.

Hier erkennt man gut, wie das Rad am Fahrwerk befestigt ist.

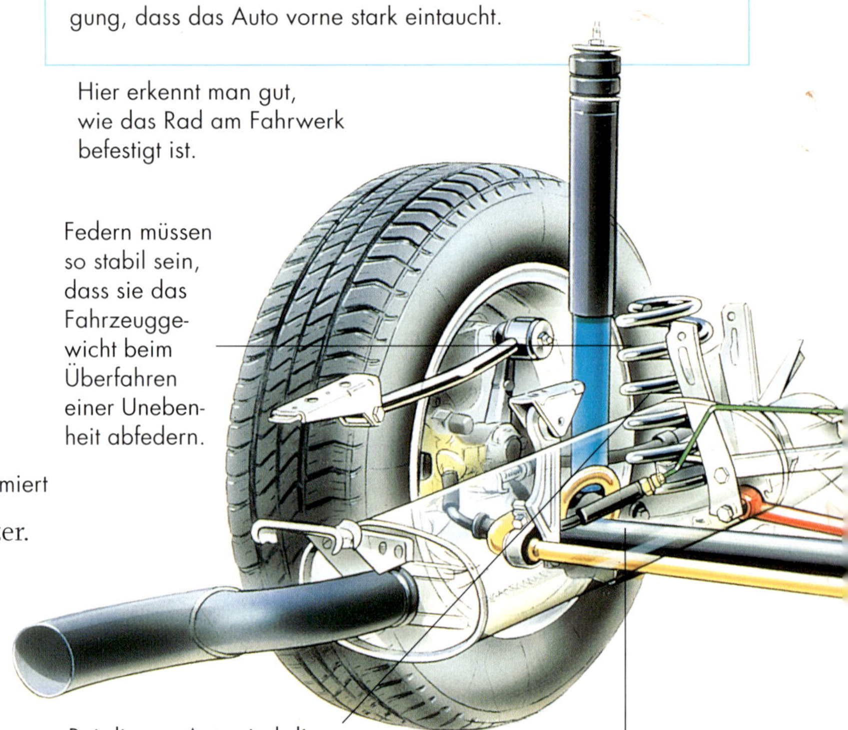

Bei diesem Auto sind die Federn und der Dämpfer voneinander getrennt befestigt.

Wie ein Stoßämpfer arbeitet

Der Dämpfer muss die Bewegung einer Feder eindämmen. Stoßdämpfer bestehen aus einem Dämpfergehäuse und einem Kolben, der mit der Feder verbunden ist. Das Gehäuse ist an der Karosserie befestigt. Bei jeder Federbewegung läuft der Kolben im Dämpfer also auf und ab. Eine Ölfüllung im Dämpfer wird dabei durch enge Bohrungen gepresst und verlangsamt so die Bewegung der Feder.

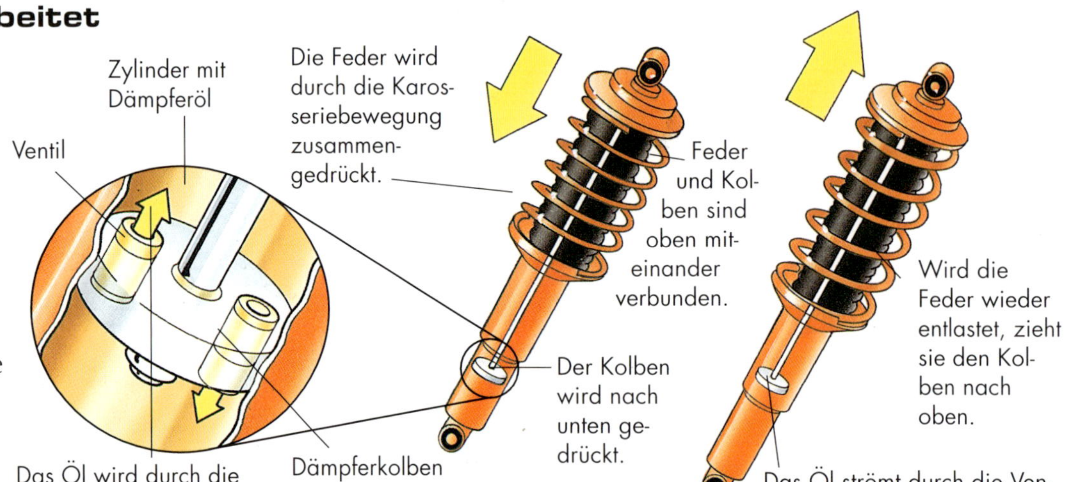

Die Lenkung

Jeder weiß, dass man ein Auto durch eine einfache Drehung am Lenkrad steuert. Hier erfährt man, wie die einzelnen Teile aussehen und wie sie die Lenkkräfte auf die Räder übertragen. Die meisten Autos haben eine Zahnstangenlenkung. Bei ihr dreht man über die Lenksäule ein Ritzel, das seine Drehung über eine Zahnstange und die Spurstangen an die Räder weitergibt.

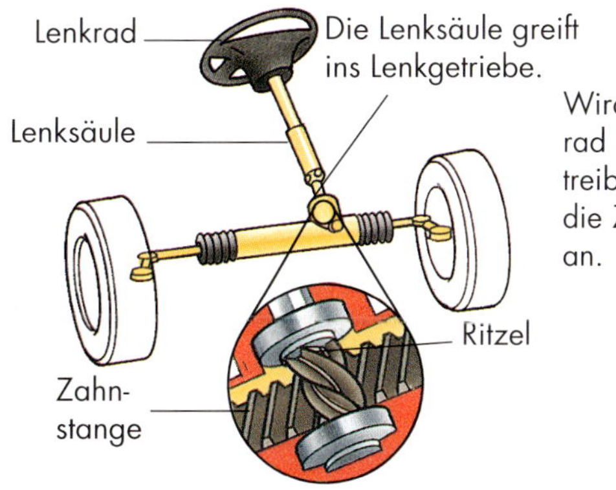

Das kleine Ritzel überträgt die Drehung auf die lange Zahnstange.

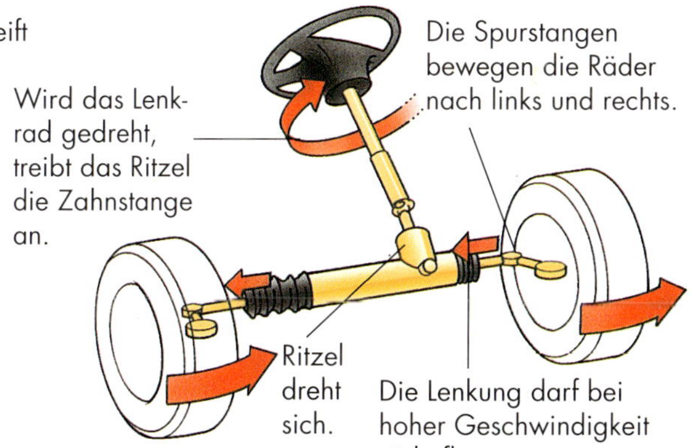

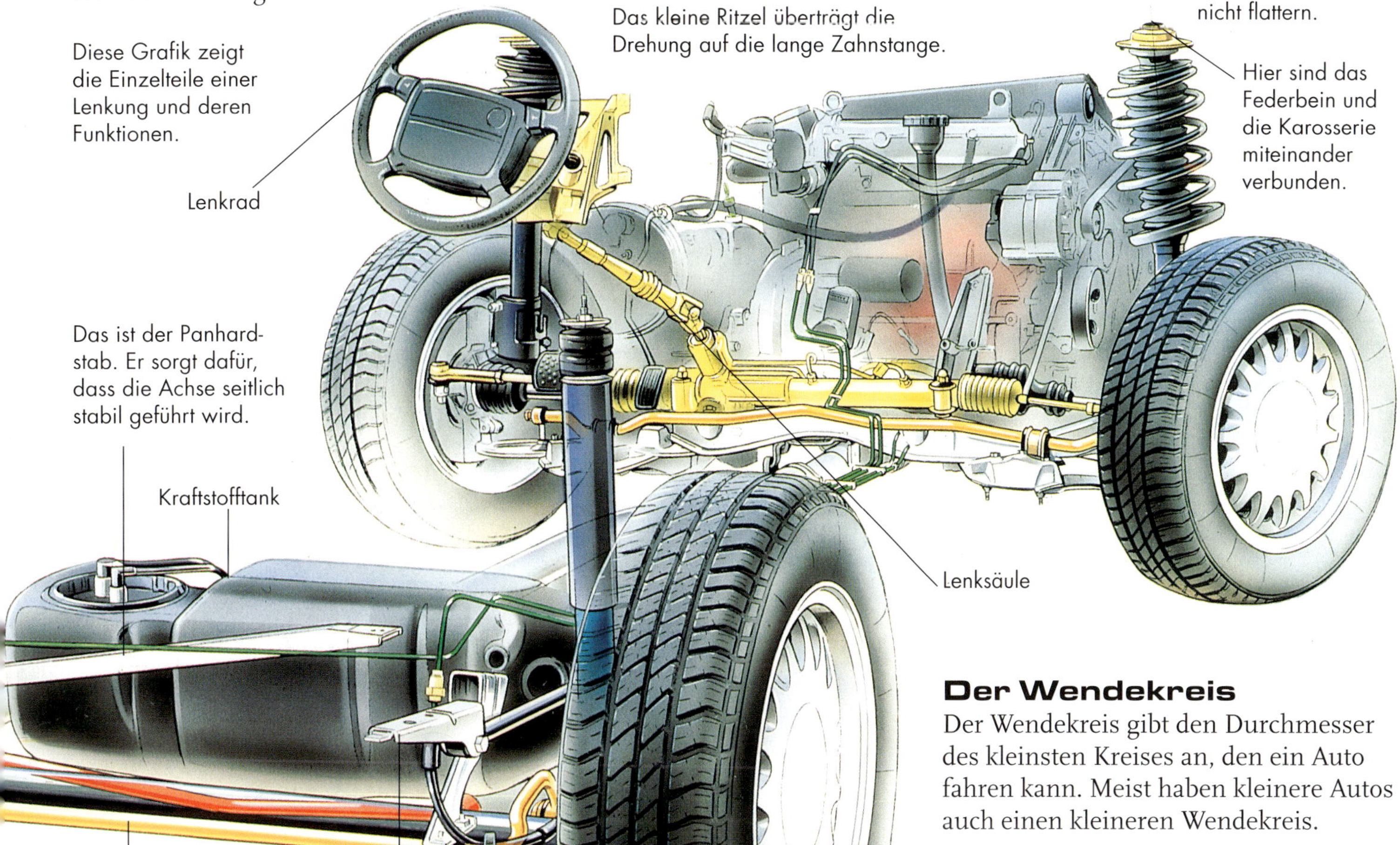

Der Wendekreis

Der Wendekreis gibt den Durchmesser des kleinsten Kreises an, den ein Auto fahren kann. Meist haben kleinere Autos auch einen kleineren Wendekreis.

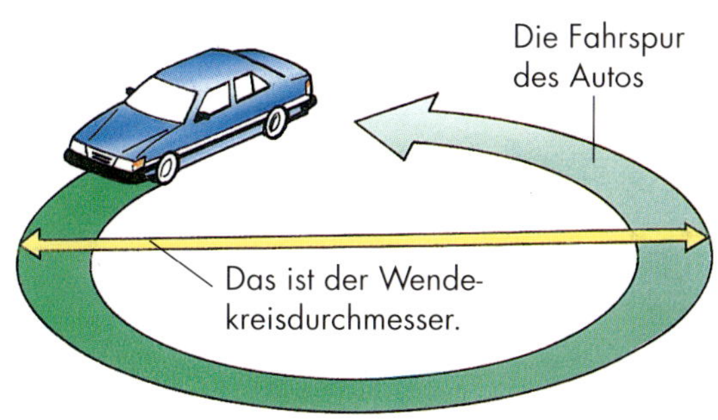

Der Stabilisator

Ein Stabilisator ist eine Metallstange, die drehbar an der Karosserie angebracht ist. Er verhindert die starke Seitenneigung der Karosserie, weil er die Kraft, die die Räder auf der Kurvenaußenseite einfedern, zu den kurveninneren Rädern leitet und diese auch einfedert. Wenn man ein Lineal verwindet, merkt man, wie die Kräfte sich gegenseitig beeinflussen.

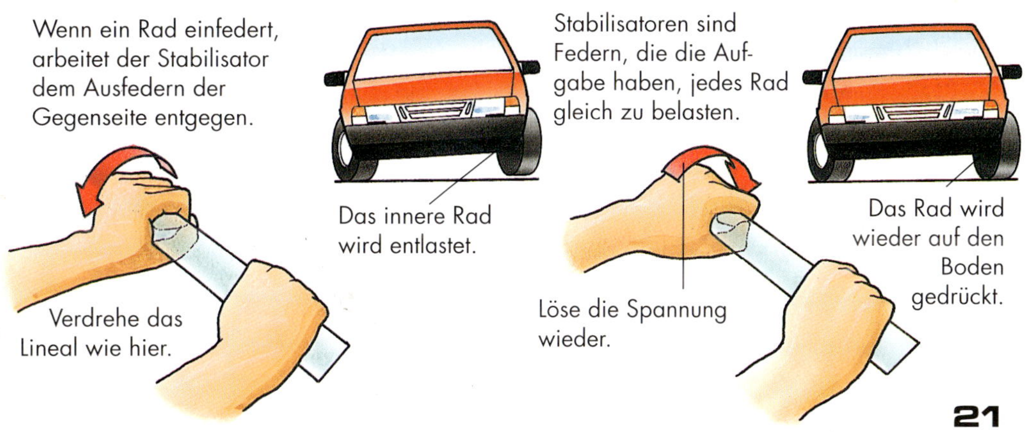

Die Bremsen

Ein modernes Auto hat an jedem Rad eine Bremse. Wenn der Fahrer das Bremspedal betätigt, werden alle Räder gleichzeitig verzögert. Es gibt zwei Arten von Bremsen: die Scheiben- und die Trommelbremsen. Beide Typen arbeiten hydraulisch, das heißt, der Bremsdruck wird durch Flüssigkeit übertragen.

Das Hydrauliksystem

Moderne Bremsen werden durch Hydraulik betätigt, bei der eine Flüssigkeit unter Druck gesetzt wird. Um das Bremsen zu erleichtern, wird die Pedalkraft durch einen Bremskraftverstärker unterstützt.

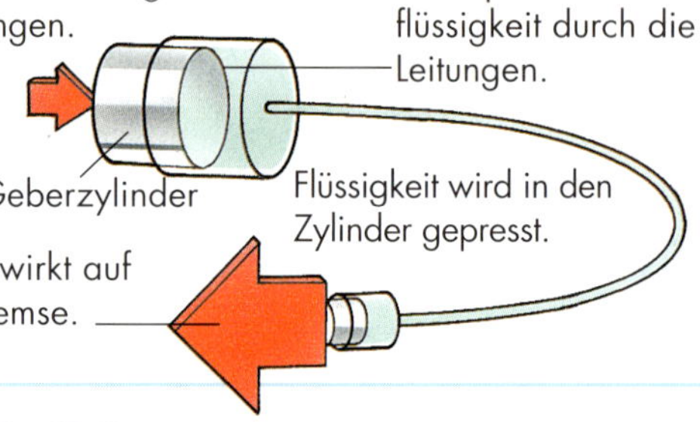

Scheibenbremsen

Scheibenbremsen funktionieren ähnlich wie Felgenbremsen bei Fahrrädern. Im Inneren der Autofelgen sind Metallscheiben angebracht, die sich mit den Rädern drehen und beim Bremsen von beiden Seiten in die Zange genommen werden. Das übernehmen die Bremssättel, die die Bremsbeläge mit den Bremskolben an die Scheiben pressen.

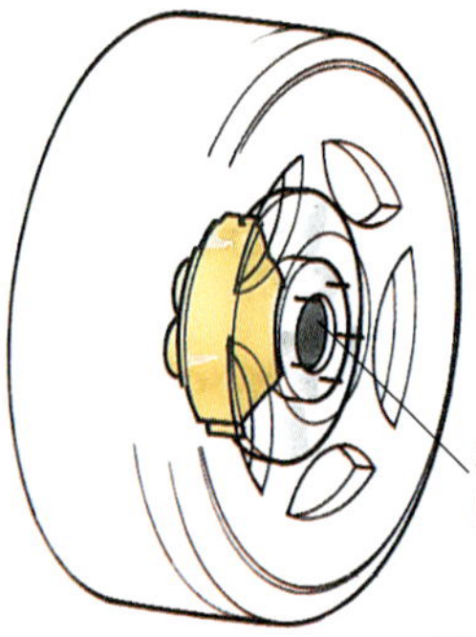

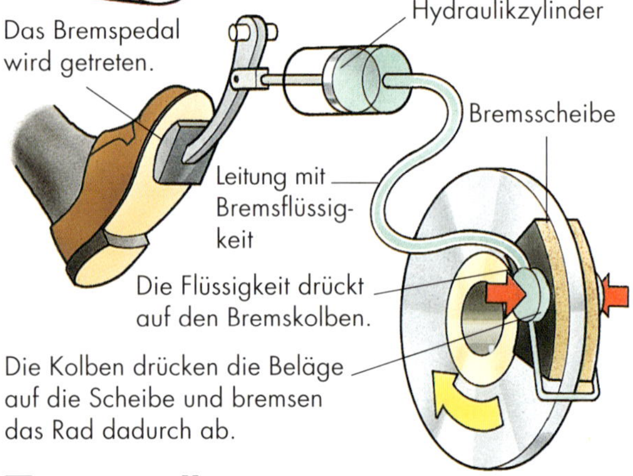

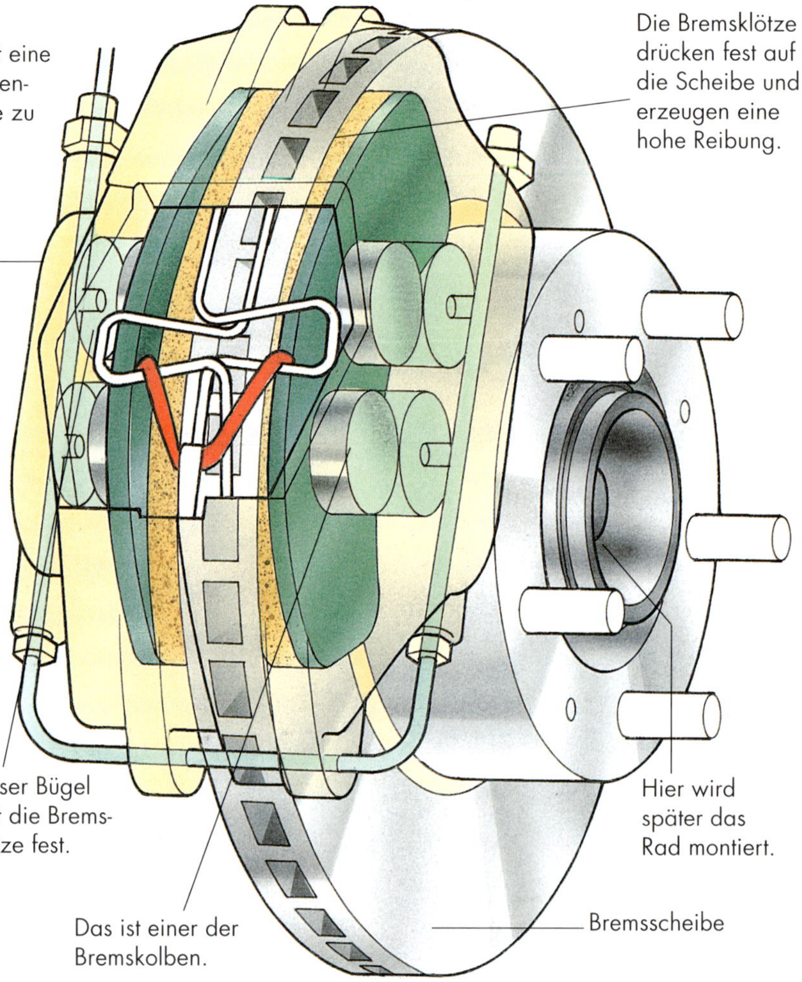

Trommelbremsen

Trommelbremsen heißen so, weil anstelle der Bremsscheibe eine Metalltrommel mit dem Rad rotiert.

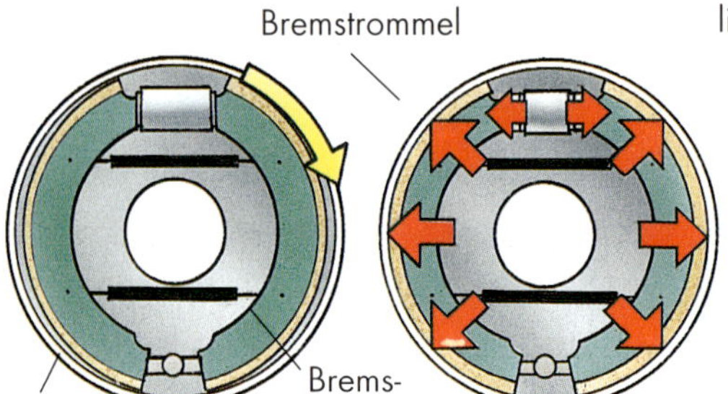

Im Inneren der Trommel sitzen die Bremsbacken, die sich nicht mitdrehen können. Zwischen Trommel und Bremsbacken verläuft ein schmaler Spalt.

Wenn der Fahrer bremst, werden die Bremsbacken von innen an die Trommel gedrückt. Es entsteht Reibung, die das Rad abbremst.

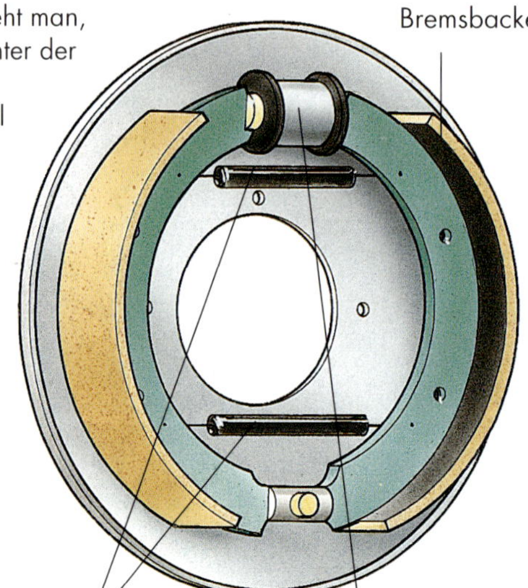

Bremsen mit ABS

Wenn der Fahrer zu stark bremst, blockieren die Räder. Dann lässt sich das Auto nicht mehr lenken und rutscht einfach weiter. Da man in diesem Fall auch keinem Hindernis ausweichen kann, kommt es häufig zu Unfällen. Das ABS-System verhindert das Blockieren der Räder. An jeder Bremsscheibe sitzt ein Sensor, der misst, ob sich das Rad dreht oder blockiert. Erkennt der Sensor einen Stillstand, wird der Bremsdruck für ganz kurze Zeit verringert und ein Blockieren dadurch verhindert.

Die Reifen

Reifen sind komplizierte Bauteile, die eine der wichtigsten Aufgaben im Auto erfüllen: Sie stellen den einzigen Kontakt zur Fahrbahn her und sind für die Sicherheit beim Bremsen und Kurvenfahren verantwortlich.

Gute Reifen ermöglichen präzises Lenken, laufen geradeaus, sorgen für Fahrkomfort und geringen Rollwiderstand, damit nicht zu viel Kraftstoff verbraucht wird. Reifen testet man länger als viele andere Autoteile.

Reifenarten

Je nach Fahrzeug und dessen Einsatzgebiet werden ganz verschiedene Reifentypen angeboten.

Die ersten Autoreifen waren aus Vollgummi. Der hier gezeigte Reifen eines Bugatti von 1930 ist zwar schon luftgefüllt, aber noch sehr schmal.

Dieser Reifen gehört zu einem Rallyeauto, das auf Schotter unterwegs ist. Das grobe Profil sorgt für guten Bodenkontakt.

Rennreifen haben kein Profil, denn so besitzen sie die größte Auflagefläche. Wenn es regnet, müssen diese Reifen ausgetauscht werden, denn der Wagen würde sofort aufschwimmen.

Die verschiedenen Lagen dieses modernen Reifens sind auf dieser Abbildung gut zu erkennen.

Bei einem Radialreifen wie dem hier gezeigten verlaufen die einzelnen Lagen im rechten Winkel zur Lauffläche.

In der obersten Schicht befindet sich das Profil des Reifens.

Das Profil hat die Aufgabe, Wasser auf der Fahrbahn zu verdrängen oder sich im Schnee festzukrallen.

Unter dem Profil läuft ein Gürtel mit besonders festem Gummi, der die Lauffläche stabilisiert.

Natürlicher Kautschuk kommt als Reifenmaterial nur noch selten zum Einsatz. Meist sind die Reifen aus synthetischem Gummi gefertigt.

Der Unterbau eines Reifens besteht aus Stahlgewebe, das von Gummi umschlossen ist und daher sehr stabil, aber doch beweglich bleibt.

Äußerste Gummischicht

Die umlaufenden Gürtel sind aus extrem stabilen Materialien. Sie helfen ein Platzen zu vermeiden.

Aquaplaning

Die Rillen im Profil haben die Aufgabe, das Wasser auf der Straße nach außen zu transportieren und den Profilblöcken so den Kontakt zur Fahrbahn zu ermöglichen. Wenn zu viel Wasser auf der Straße ist oder der Wagen zu schnell fährt, bildet sich ein Wasserkeil unter dem Reifen. Das Auto schwimmt dann auf und lässt sich nicht mehr lenken.

Das Profil, das die ganze Lauffläche umschließt, muss das Wasser verdrängen.

Profil mit Quer- und Längsrillen

Dieses Foto zeigt, wie das Reifenprofil das Wasser verdrängt.

Hier sieht man das Profil des Reifens sehr deutlich. Die schwarzen Flächen sind der einzige Kontakt zur Fahrbahn.

Wohin mit den Altreifen?

Jedes Jahr werden weltweit einige Millionen Reifen verbraucht. Weil jeder Reifen aus verschiedenen Materialien besteht, ist das Recycling keine leichte Aufgabe. Einige Reifen werden zur Energiegewinnung verbrannt, nicht selten aber auch einfach vergraben. Beide Methoden belasten die Umwelt stark. Es gibt darüber hinaus aber auch noch bessere Lösungen, einen alten Reifen loszuwerden. Man kann ihn beispielsweise recyceln und zu anderen Karosserieteilen umformen.

Manche Karosserieteile werden aus alten Reifen hergestellt.

Sportwagen

Sportwagen sind die schnellsten Autos auf unseren Straßen. Sie beschleunigen gut, erreichen eine hohe Geschwindigkeit und lassen sich sehr präzise lenken. Weil von ihnen meistens nur wenige Exemplare gebaut werden, sind sie sehr teuer. Ferrari, Lotus, Jaguar und Chevrolet sind einige Firmen, die Sportwagen bauen.

Die Form des Porsche 911 hat sich nur geringfügig verändert. Hier sieht man ein frühes Modell.

Porsche 911 Carrera 4

Der erste Porsche 911 wurde im Jahr 1963 gebaut, seitdem ist er einer der berühmtesten Sportwagen. Er startete in Le Mans und gewann die Rallye Monte Carlo. Rechts ist ein Carrera mit Allradantrieb zu sehen.

Hier liegt das Ersatzrad.

Hier sitzt der Kühler für das Motoröl. Ein Ventilator sorgt für den nötigen Wind.

Beim Porsche 911 sitzt der Benzintank hier vorne.

Die Kardanwelle überträgt die Motorkraft auf die Vorderachse.

Runde Formen

Lange vor dem 911er wurde von dem Ingenieur Ferdinand Porsche ein ebenfalls recht rundliches Auto entwickelt – der Käfer. Das erste Auto, das den Namen Porsche trug, baute der Sohn Ferdinand Porsches.

Allradantrieb

Bei den meisten Autos werden entweder die vorderen oder die hinteren Räder angetrieben. Die Antriebsräder ziehen oder schieben das Auto an. Bei einem Allradantrieb hingegen werden alle vier Räder mit Leistung versorgt. Auf rutschigem Boden oder bei Schnee kommt der Wagen daher besser voran.
Der Antrieb zwischen Vorder- und Hinterrädern ist beim 911 Carrera 4 variabel. Bei normaler Fahrt bekommen die Hinterräder 70 Prozent der Kraft ab, die Vorderräder die restlichen 30 Prozent.

Der Carrera 4 hat im Gegensatz zu anderen 911-Modellen einen Allradantrieb, der auch die vorderen Räder antreibt.

Beschleunigung

Unter Beschleunigung versteht man die Zeit, die ein Auto braucht, um eine bestimmte Geschwindigkeit zu erreichen. Oft wird gemessen, wie schnell ein Auto aus dem Stand auf Tempo 100 kommt. Der Porsche 911 Carrera 4 schafft das in nur 5,7 Sekunden.

Dieser Porsche 959 beschleunigt in weniger als vier Sekunden aus dem Stand auf 100 km/h.

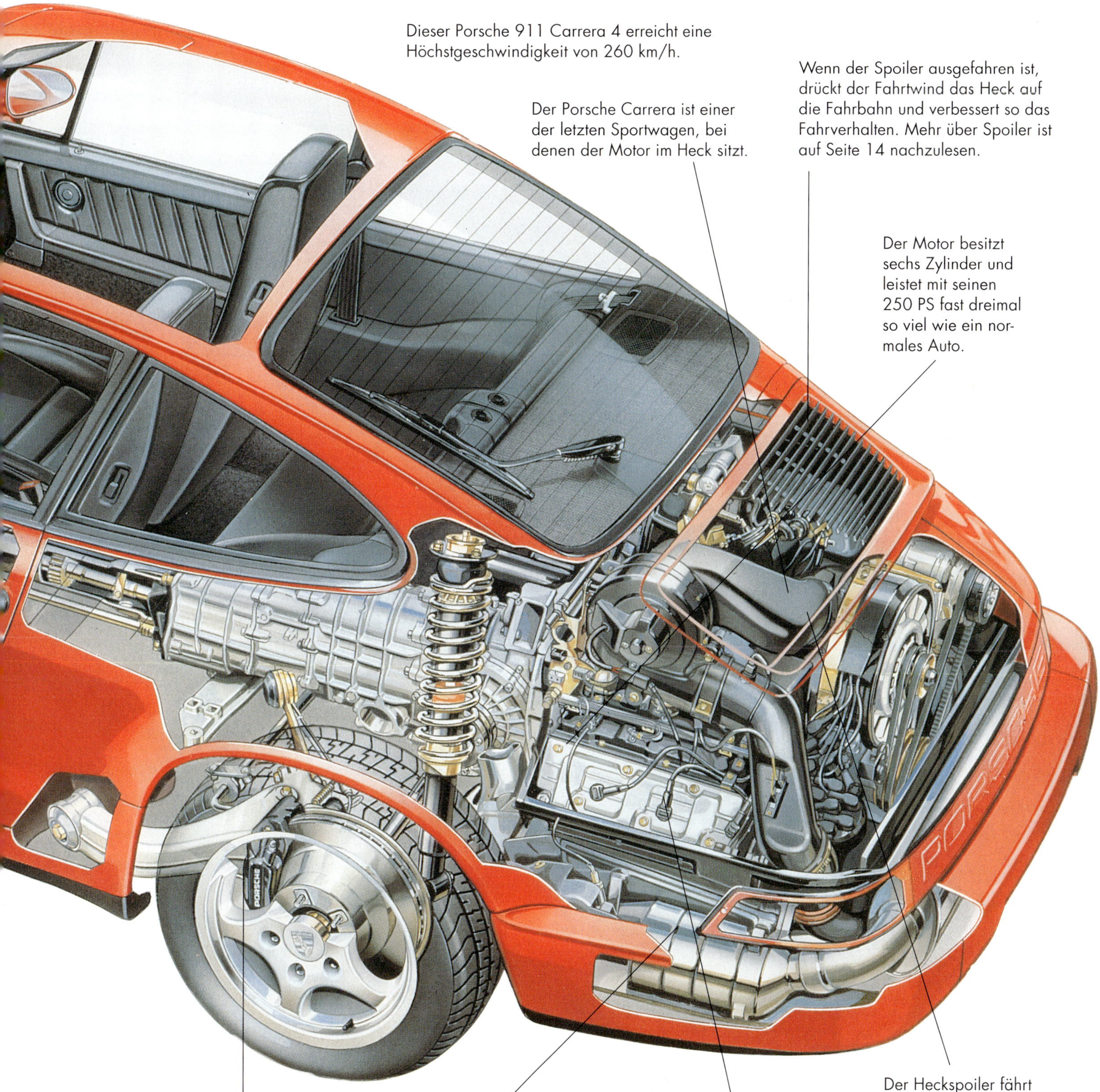

Dieser Porsche 911 Carrera 4 erreicht eine Höchstgeschwindigkeit von 260 km/h.

Der Porsche Carrera ist einer der letzten Sportwagen, bei denen der Motor im Heck sitzt.

Wenn der Spoiler ausgefahren ist, drückt der Fahrtwind das Heck auf die Fahrbahn und verbessert so das Fahrverhalten. Mehr über Spoiler ist auf Seite 14 nachzulesen.

Der Motor besitzt sechs Zylinder und leistet mit seinen 250 PS fast dreimal so viel wie ein normales Auto.

Der Heckspoiler fährt ab einem bestimmten Tempo aus und verbessert dadurch auch die Motorkühlung.

Wie nahezu alle Sportwagen hat auch der Porsche 911 große Scheibenbremsen an allen vier Rädern. Sie sorgen für sehr kurze Bremswege.

Selbstverständlich hat der Motor einen geregelten Katalysator, der die Abgase reinigt. Er sitzt im Auspuffrohr.

Dieser Porsche hat nicht nur eine Zündkerze pro Zylinder, sondern zwei. Dadurch ist die Verbrennung besser und der Motor läuft ruhiger.

Die Elektrik

Ohne Elektrizität würde ein Auto nicht fahren. Schon beim Start benötigt man elektrische Energie. Für den Zündfunken braucht man eine hohe elektrische Spannung. Die Scheinwerfer, die Scheibenwischer oder das Radio – vieles im Auto wird mit elektrischer Energie betrieben.

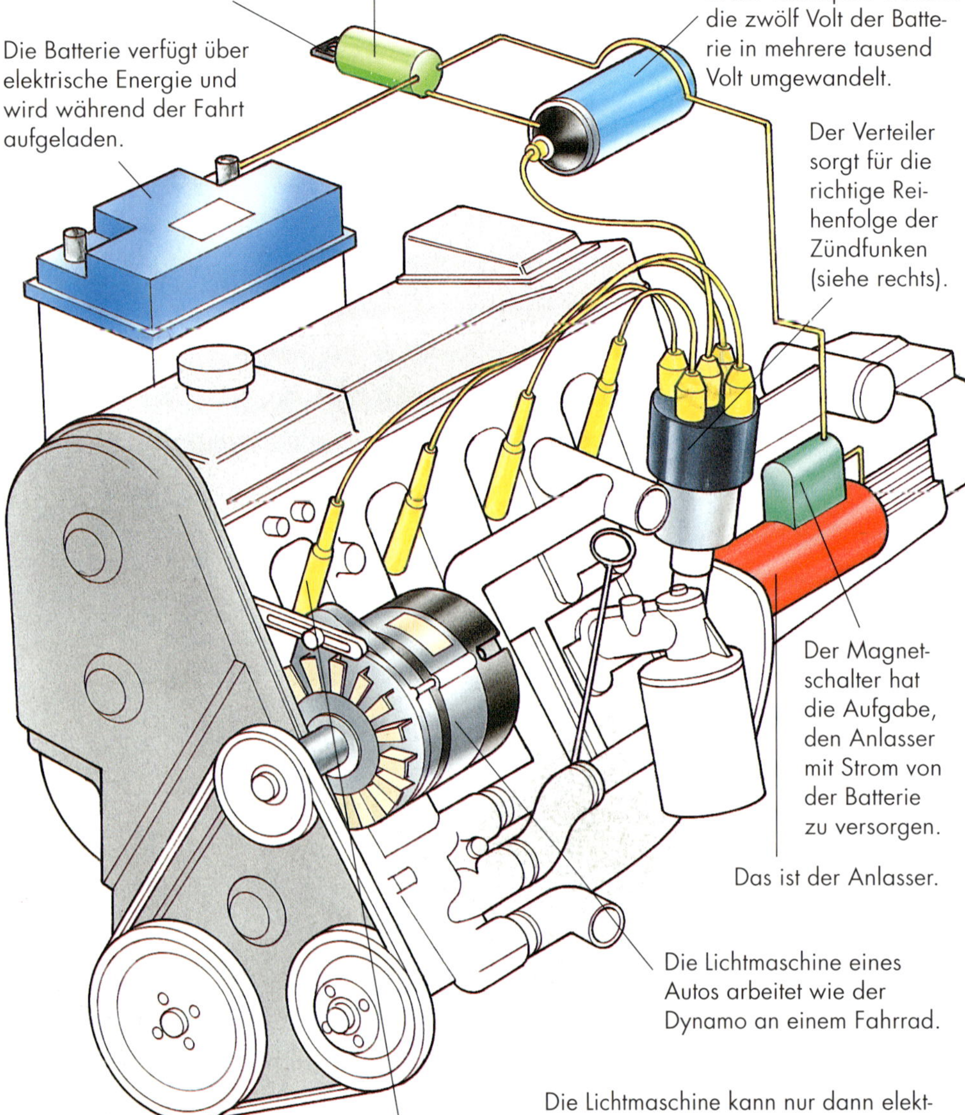

Die Lichtmaschine kann nur dann elektrische Energie erzeugen, wenn der Motor läuft. Zum Starten braucht der Motor deshalb immer eine Batterie.

Wie der Motor startet

Wenn der Zündschlüssel im Zündschloss herumgedreht wird, bekommt der Magnetschalter einen Impuls und gibt den Strom zum Anlasser frei.

Der Anlasser dreht durch, sein Zahnrad greift in die Verzahnung der Schwungscheibe des Motors ein und dreht so die Kurbelwelle.

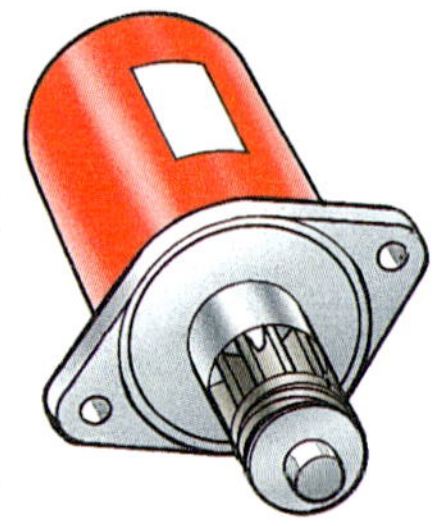

Durch das Drehen des Zündschlüssels wird auch die Zündspule mit Spannung versorgt. Sie transformiert diese und gibt die Zündspannung an den Verteiler weiter.

Wenn der Motor läuft, treibt er über den Keilriemen die Lichtmaschine an. Diese erzeugt jetzt elektrische Energie, mit der die Verbraucher versorgt werden.

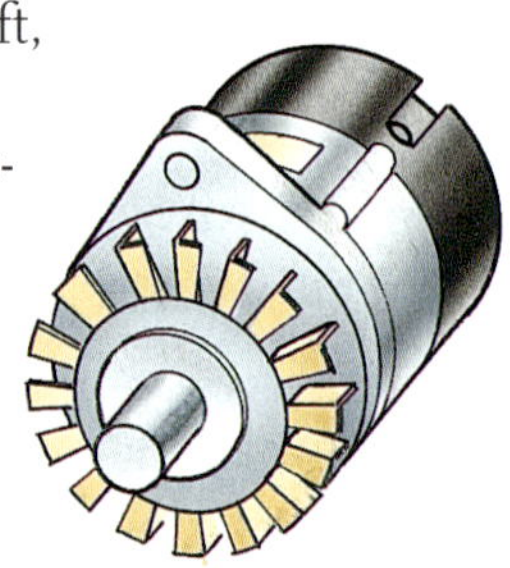

Die Zündkerzen wandeln die Zündspannung in einen Zündfunken um. Dieser entzündet das Gemisch aus Luft und Benzin.

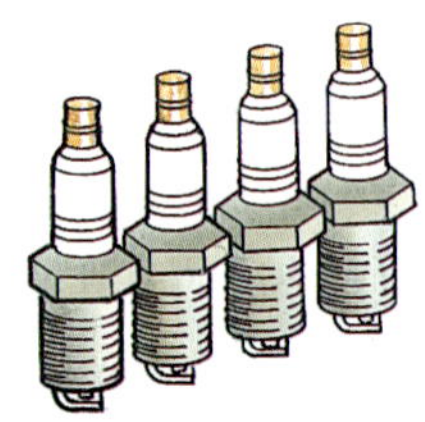

Scheinwerfer

Scheinwerfer braucht man bei Regen, Nebel und natürlich in der Dämmerung sowie bei Dunkelheit. Heutzutage haben alle Autos Scheinwerfer, aber in den Dreißigerjahren waren diese ein teurer Luxus. Die ersten Lampen wurden mit Gas betrieben, inzwischen arbeiten alle Scheinwerfer mit elektrischem Strom.

Die Zündung

Die Zündspannung muss im richtigen Moment auf die Zündkabel der einzelnen Zylinder verteilt werden. Wenn das nur ein wenig zu früh oder zu spät erfolgt, läuft der Motor nicht richtig und verbraucht viel Benzin. Im Verteiler dreht sich eine vom Motor angetriebene Welle, auf der der Verteilerfinger sitzt. Über einen kleinen Kohlestift wird er mit Zündspannung versorgt. Jedes Mal, wenn er an dem passenden Zündkabel vorbeiläuft, springt der Funke über.

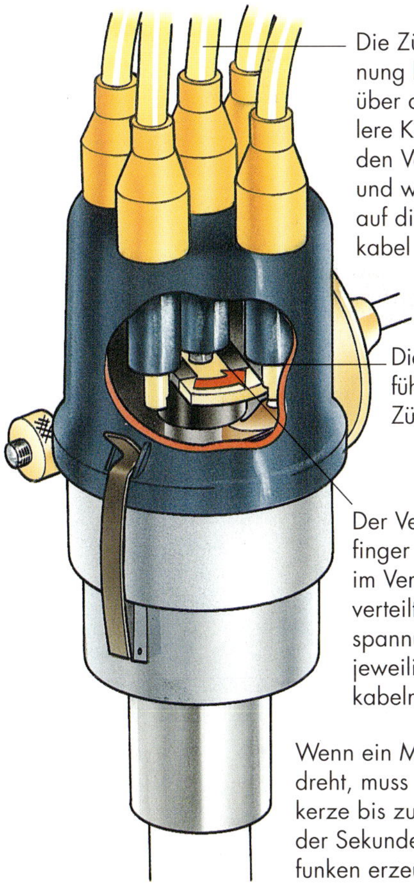

Wenn ein Motor hoch dreht, muss jede Zündkerze bis zu 50-mal in der Sekunde einen Zündfunken erzeugen.

Die Instrumente

Vor den vorderen Passagieren befindet sich das Armaturenbrett mit Lenkrad, Bedienungselementen und Schaltern sowie Instrumenten. Einige Autos haben hier auch ein satellitengesteuertes Navigationssystem, das dem Fahrer auf einem Bildschirm zeigt, wohin er gerade fährt und welchen Weg er am besten wählt, um schnell an sein Ziel zu gelangen. Ein Computer errechnet den besten Weg und informiert sogar über Staus auf der gewählten Strecke.

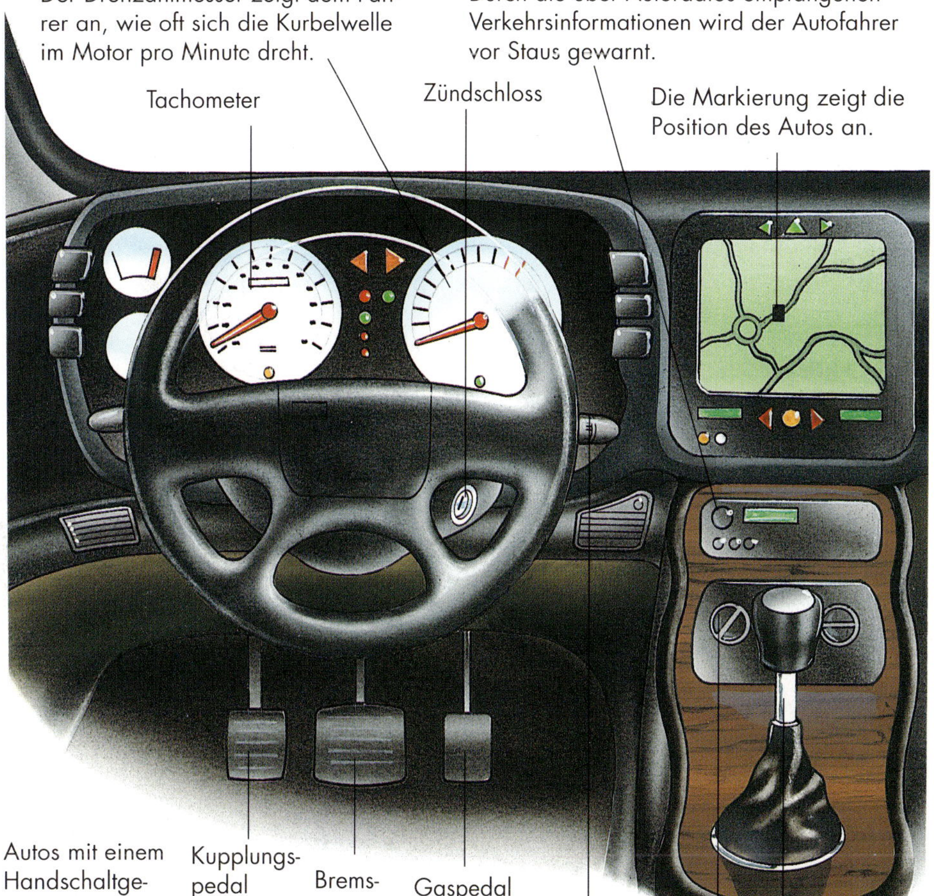

Autos mit einem Handschaltgetriebe haben ein Kupplungspedal. Es wird jedes Mal beim Anfahren und beim Gangwechsel getreten.

Bald werden Befehle auch von einem Sprachcomputer erfasst und weitergegeben.

Die Heizung wird meist durch einen Drehschalter auf der Mittelkonsole geregelt.

Abblendlicht

In nahezu jedem Land ist die Anzahl, die Höhe sowie die maximale Helligkeit von Scheinwerfern genau vorgeschrieben. Wenn der Fahrer allein auf der Straße ist, darf das Licht hell in die Ferne strahlen. Wenn aber ein anderer Autofahrer entgegenkommt, muss sich das Fernlicht auf Abblendlicht umschalten lassen. Das Abblendlicht scheint dann nur auf den Bereich, der sich unmittelbar vor dem Auto befindet, und kann den übrigen Verkehr somit nicht blenden.

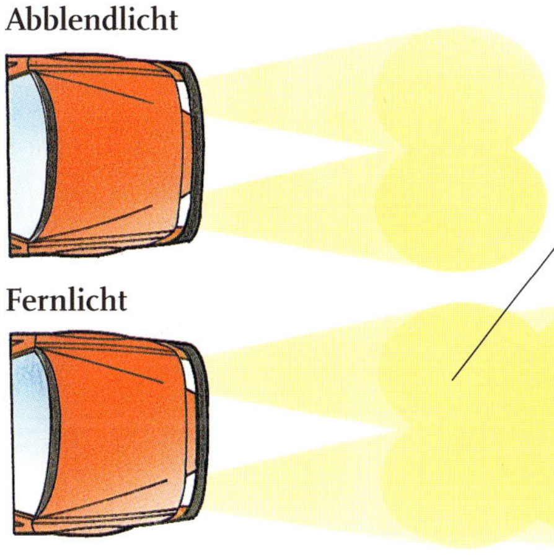

Dieser Sportwagen hat ausfahrbare Klappscheinwerfer. Wenn sie nicht gebraucht werden, liegen sie flach in der Karosserie und ermöglichen so die typisch flache Sportwagenform.

Geländewagen

Manche Menschen und einzelne Berufsgruppen benötigen ein Auto, mit dem sie auch in unwegsamem Gelände gut vorankommen. Für sie gibt es spezielle Geländewagen mit Allradantrieb. Diese haben eine bessere Federung und fahren damit abseits von befestigten Wegen ebenso stoßsicher wie auf Straßen. Ursprünglich wurden Geländewagen für den militärischen Einsatz entwickelt; heute sind sie bei allen beliebt, die ein robustes Auto brauchen.

Geländewagen in Aktion

Ein Geländewagen im Polizeieinsatz

Geländewagen sind für viele Aufgaben geeignet; oft werden sie sogar von der Polizei und der Feuerwehr eingesetzt. Wenn es bei einem Einsatz einmal schnell gehen muss und die Straßen verstopft sind, können die Polizisten auch abseits der Straße fahren. Waldarbeiter benutzen ebenfalls gerne Geländewagen.

Bäche sind kein Hindernis für Geländewagen.

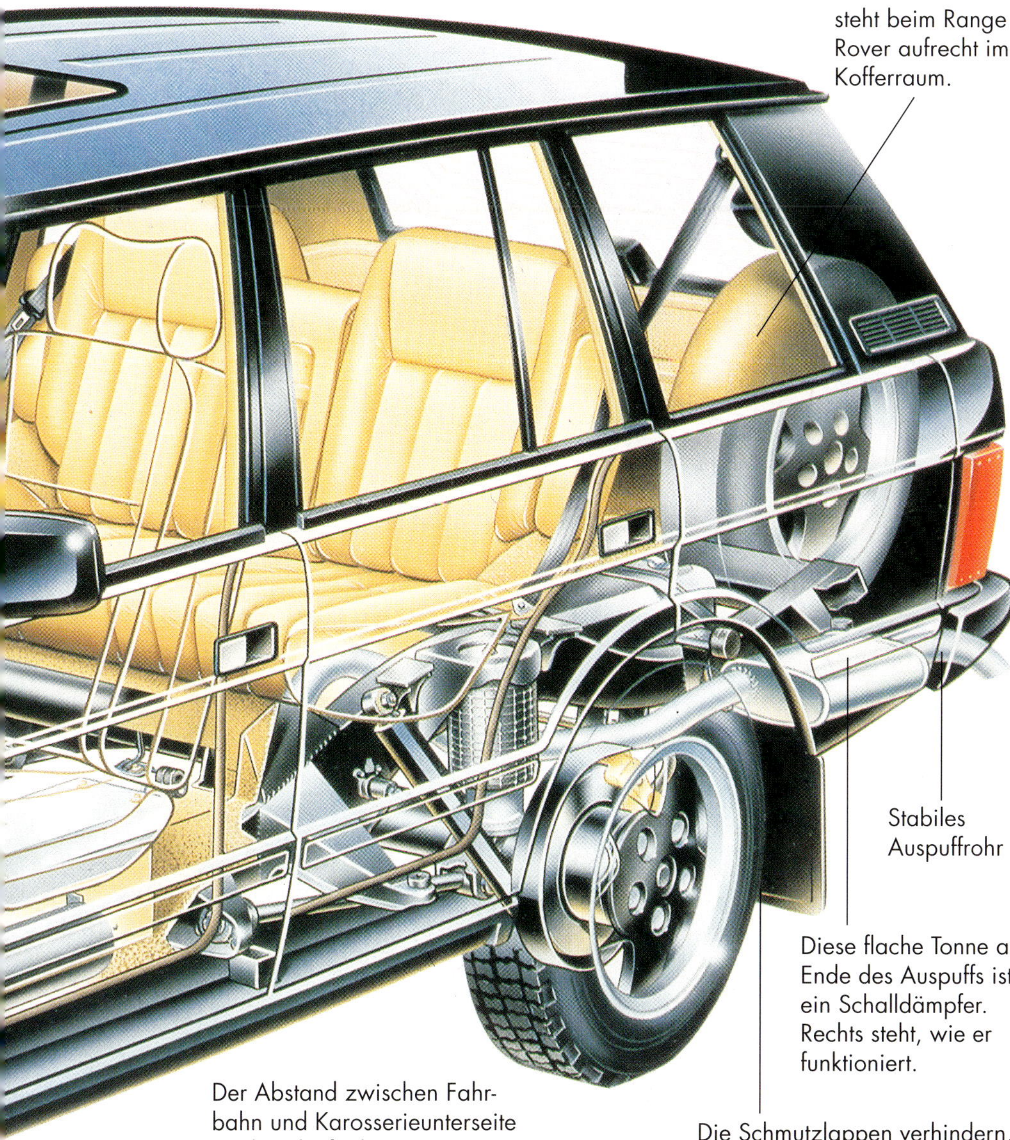

Den Abstand zwischen Vorder- und Hinterachse des Fahrzeugs nennt man Radstand. Er wird in Millimetern gemessen. Bei diesem Wagen sind es 2700 mm.

Bei schweren Geländewagen ist das Antiblockiersystem besonders wichtig.

Die Luftfederung

Wie fast jedes Auto besitzt auch der oben gezeigte Geländewagen normale Stoßdämpfer und Stabilisatoren. Er hat aber keine Stahlfedern (siehe Seite 20), sondern eine Luftfederung. Bei dieser werden die Räder durch stabile Gummizylinder abgestützt. Im Inneren herrscht hoher Luftdruck, der von einem Kompressor erzeugt wird. Federt ein Rad durch eine Bodenwelle ein, wird die Luft weiter komprimiert und ab einem gewissen Druck zurück in die Leitung und in einen Vorratsbehälter gedrückt. Ein Computer im Auto überwacht und kontrolliert die Federwege.

Wenn nötig, lässt sich die Karosserie anheben, damit das Auto nirgends hängen bleibt.

Zum Be- oder Entladen kann die Karosserie durch die Luftfederung abgesenkt werden.

Bei schneller Fahrt senkt sich der Aufbau ab, damit die Aerodynamik besser wird.

Der Auspuff

Die Abgase aus den Zylindern werden durch ein Auspuffsystem ins Freie geleitet. Wenn die Gase den Motor verlassen, sind sie noch sehr heiß und stehen unter hohem Druck. Der Auspuff führt sie durch ein langes Rohr mit verschiedenen Kammern. In diesen Auspufftöpfen können sich die Gase beruhigen. Auf ihrem Weg ins Freie kühlen sie ab.

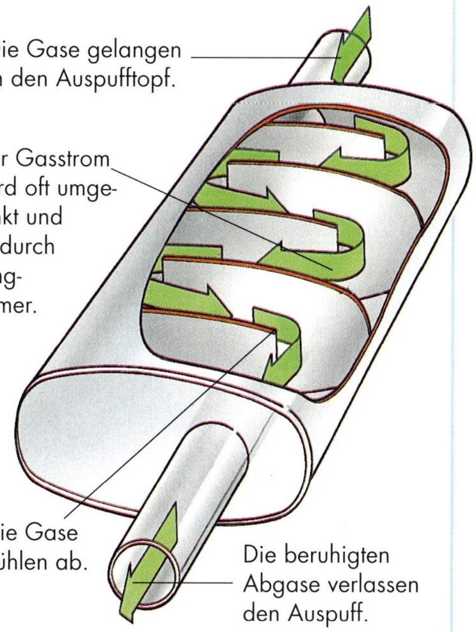

Der Katalysator

Die Abgase der Motoren sind sehr giftig für die Umwelt. Fast alle Autos haben daher einen Katalysator. Das ist ein Auspufftopf nahe am Motor, in dem die Gase durch eine Art Gitter gepresst werden. Dieses Gitter besteht aus verschiedenen Edelmetallen, die die Giftstoffe chemisch umwandeln. So wird das giftige Kohlenmonoxid zum Beispiel zu harmlosem Kohlendioxid und Wasser.

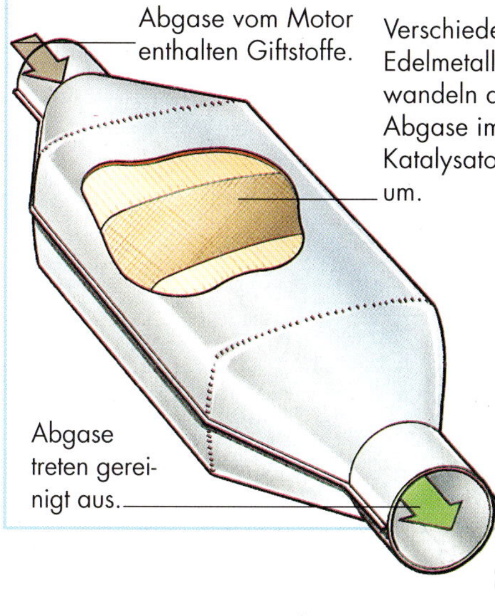

Die Zukunft

Die Autos der Zukunft werden sicher auch Bremsen, eine Lenkung und eine Aufhängung besitzen. Bis auf ein paar Supersportwagen werden sie aber nicht sehr viel schneller fahren als heutige Autos. Sicher ist auch, dass die Autos der Zukunft weniger Energie verbrauchen, einfacher zu bedienen sein und noch höhere Sicherheit gewährleisten werden. Hier ein Blick auf die nächste Autogeneration.

Autos werden in Zukunft häufiger von Robotern als von Menschen montiert werden. Das vereinfacht die Produktion, spart somit Energie und senkt die Preise.

Mithilfe der Elektronik werden die Motoren weniger Energie verbrauchen. Wenn ein Auto nur zehn Prozent weniger Benzin verbraucht, heißt das, dass es während seiner Lebensdauer 1500 l weniger tanken muss.

Das Auto der Zukunkft ist sehr strömungsgünstig. Es hat eine gute Straßenlage und verbraucht vergleichsweise wenig Benzin.

Zukünftige Autos sind sehr leicht. Das spart viel Kraftstoff, weil nicht so viel Masse bewegt werden muss.

Die Karosserie besteht aus leichtem, dabei aber sehr stabilem Kunststoff.

Aufwändige Elektronik erkennt, wenn vor dem Auto ein Hindernis auftaucht oder ein anderes Auto bremst – und passt daraufhin die Geschwindigkeit automatisch an.

Die Scheinwerfer sind zwar klein, aber enorm stark.

Autos und ihre Folgen

Im Jahr 1925 gab es weltweit bereits 24 Millionen Autos. Heute sind es über 600 Millionen und ihre Zahl wächst täglich. Mehr Autos bedeuten mehr Staus, Unfälle und Umweltverschmutzung. Deshalb suchen die Techniker nach neuen Lösungen.

Sicherheit

Die Forscher werden neue Möglichkeiten finden, um die Autoinsassen bei einem Unfall noch besser zu schützen. Sie werden aber auch neue Methoden der Unfallverhütung entwickeln. Sensoren könnten die Straße vor dem Auto nach Hindernissen absuchen und das Auto abbremsen, noch bevor der Mensch die Gefahr überhaupt wahrnimmt. Vor allem bei Dunkelheit oder Nebel wird das elektronische Auge hilfreich sein. Auch zunächst nicht sichtbare Dinge werden dann von einer Kamera erfasst und auf die Windschutzscheibe projiziert.

Das ist die Darstellung eines Videoüberwachungssystems.

Wichtige Informationen werden auf die Windschutzscheibe gespiegelt.

Der Projektor wird von einem Computer gesteuert.

Der Rechner ist mit den Sensoren verbunden.

Das individuelle Auto

Computer werden den Kunden bald am Bildschirm darstellen, wie das gewünschte Auto innen und außen aussehen könnte. Auch das Raumgefühl lässt sich sicher bald simulieren.

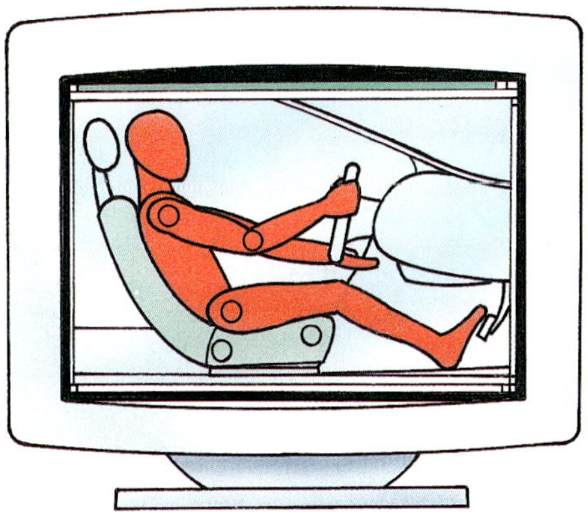

Der Dummy testet den Fahrersitz. Er kann jede erdenkliche Körperform annehmen und so verschiedene Kunden simulieren.

Elektroantrieb

Elektromobile (siehe Seite 11) werden bald zum Straßenbild gehören. Viele von ihnen werden wieder aufladbare Batterien verwenden, einige aber auch Solarstrom – so wie dieses dreirädrige Solarmobil.

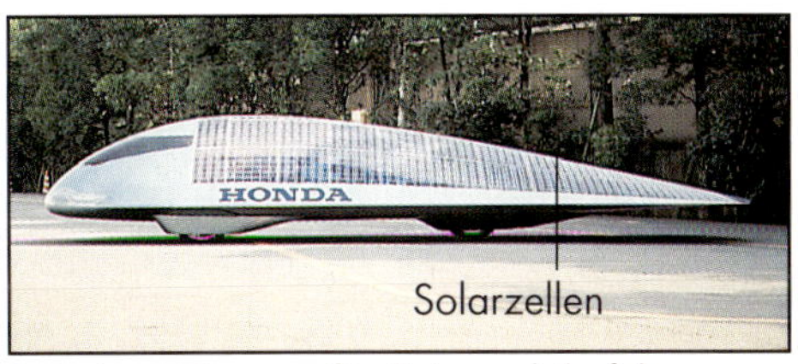

Bei einem Rennen für Solarmobile fuhr dieses Gefährt einen Schnitt von 85 km/h.

Stadtautos

Speziell in den Städten sind Kleinstwagen immer beliebter. Zukünftige Stadtautos werden von Elektromotoren angetrieben und von Solarzellen auf dem Dach mit Energie versorgt werden, ohne Abgase zu produzieren. In naher Zukunft werden Autos von allein einparken.

Kleine Stadtwagen finden schon heute sehr viele Käufer.

Fachbegriffe

Aerodynamik Die Wissenschaft, die sich damit beschäftigt, wie ein Gas um einen Körper strömt. Sie beeinflusst die Form unserer modernen Autos stark.

Achse An der Achse sind die Räder drehbar befestigt.

Chassis Das Chassis ist das Grundgerüst einer Stahlkarosserie.

Diagonalreifen Bei diesem alten Reifentyp laufen die Metalllagen diagonal, also in einem schrägen Winkel zueinander.

Differenzial Verschiedene Zahnräder sorgen dafür, dass sich die Antriebsräder bei einer Kurvenfahrt unterschiedlich schnell drehen.

Drehzahlmesser Er zeigt an, mit wie vielen Umdrehungen sich die Kurbelwelle im Motor dreht.

Gaspedal Mit ihm reguliert der Fahrer die Leistung des Motors.

Getriebe Das Getriebe ermöglicht verschiedene Übersetzungen zwischen der Kurbelwelle und den Antriebsrädern.

Handbremse Sie blockiert die Hinterräder eines Autos und verhindert so, dass es wegrollen kann.

Hydraulik Die Hydraulik wird verwendet, um Kraft zu übertragen. Beim Tritt auf das Bremspedal wird hydraulische Kraft zum Beispiel auf die Bremsen übertragen.

Katalysator Er löst eine chemische Reaktion in den Abgasen aus. Die Giftstoffe werden zerlegt und in harmlose Stoffe umgewandelt.

Keilriemen Ein Keilriemen überträgt die Drehung der Kurbelwelle auf die Lichtmaschine oder die Servolenkung.

Kraftstoff Er ist meist flüssig und leicht entzündlich. Im Brennraum wird er kontrolliert entzündet.

Kupplung Sie unterbricht die Kraftverbindung zwischen Motor und Getriebe.

Kurbelwelle Die Kurbelwelle wandelt die Auf- und die Abbewegung der Kolben in eine Drehung um und gibt die Kolbenkraft so an das Getriebe weiter.

Lichtmaschine Sie wird vom Motor angetrieben und erzeugt dabei elektrische Energie, mit der die Batterie geladen wird.

PS PS ist eine Größe, die die Leistung eines Motors beschreibt; gemessen wird die Leistung aber in Kilowatt. Ein kW entspricht 1,36 PS.

Reibung Wenn sich zwei Körper aneinander bewegen, entsteht Reibung. Viele Teile im Auto werden mit Öl geschmiert, um die Reibung zu verringern.

Ventil Ein Viertaktmotor füllt und entleert seine Brennräume durch Ventile. Diese werden von der Nockenwelle gesteuert.

Verteiler Der Verteiler sorgt dafür, dass der Zündfunke im richtigen Moment an die Zündkerzen weitergegeben wird.

Volumen Der Hubraum eines Motors wird oft Volumen genannt.

Zündfolge Die Zylinder eines Verbrennungsmotors arbeiten immer zeitversetzt, damit sich die Motorleistung gleichmäßig entfaltet. Die Zündfolge legt fest, in welcher Reihenfolge die Zylinder arbeiten. Ein Vierzylinder hat die Folge 1–3–4–2.

Zündkabel Die Zündkabel übertragen die Zündspannung vom Verteiler auf die Zündkerzen der Zylinder.

Zündung Damit ein Motor eine hohe Leistung und wenig Abgase produziert, muss das Luft-Benzin-Gemisch im richtigen Moment gezündet werden. Deshalb hat jeder Benziner eine Zündanlage.

Wissenswertes

Die Geschichte des Autos

1769 Das erste Gefährt, das an ein Auto erinnerte, war das **Dampfmobil** von Nicolas-Joseph Cugnot, einem französischen Offizier. Es war weder schnell noch praktisch: Im Abstand von 15 Minuten musste man anhalten, um nachzuheizen.

1803 Der britische Ingenieur Richard Trevithick baut das erste **dampfgetriebene Vehikel**. Es kann acht Personen befördern.

1859 Der **erste Verbrennungsmotor** wird von dem Belgier Jean-Joseph Lenoir gebaut.

1864 Siegfried Markus erfindet einen Motor, der mit **Benzin** betrieben wird. Sein Elektrosystem löst das bisherige Problem der **Zündung** (siehe Seite 26).

1876 Der deutsche Ingenieur Nikolaus Otto erfindet den **Viertaktmotor** (siehe Seite 10).

1885 Das erste Auto, das erfolgreich mit einen **Benzinmotor** fährt, wird von dem deutschen Ingenieur Carl Friedrich Benz gebaut.

1888 Der Ire John Dunlop stellt den ersten **luftgefüllten Reifen** her.

1893 In Paris werden die **ersten Nummernschilder** herausgegeben.

1895 Das **erste Autorennen** wird zwischen den französischen Städten Paris und Bordeaux ausgetragen.

1896 Die Franzosen René Panhard und Emile Levassor bauen den **ersten Vierzylinder** der Welt.

1898 Das erste Auto mit **geschlossener Karosserie**, ein Renault, geht in Produktion.

1904 Zum ersten Mal erreicht ein Auto **100 Meilen (= 161 km/h)**.

1905 Die **Stoßstange** wird patentiert.

1906 Im englischen Brooklands wird die **erste Rennstrecke** gebaut.

1913 Der **Ford Modell T** wird als **erstes Auto am Fließband** gefertigt. Bisher wurden Autos von Hand produziert und waren sehr teuer. Erstmals können sich jetzt nicht nur reiche Menschen ein Auto leisten.

1916 Die ersten **von Hand betätigten Scheibenwischer** werden vorgestellt.

1919 **Erste Ampeln** in den USA

1922 Ford baut als erster Hersteller **über eine Million Autos pro Jahr**. VW erreicht diese Zahl erst 1962.

1927 Bugatti baut **den größten Pkw** aller Zeiten. Der Royale ist 6,7 m lang, hat eine 2 m lange Motorhaube und einen Radstand von 4,3 m.

1934 In Frankreich baut Citroën den ersten Wagen mit **selbsttragender Karosserie und Frontantrieb**. Zur gleichen Zeit wird in New Jersey, USA, das **erste Autokino** eröffnet.

1935 Als **erster Mensch** durchbricht Malcom Campbell mit einem Auto die **300-Meilen-Marke** (483 km/h).

1936 Der **erste Diesel-Pkw** wird von Mercedes-Benz angeboten.

1959 Der Mini entsteht. Mit 5,26 Millionen Exemplaren ist er bis heute der **erfolgreichste Kleinwagen**.

1971 Das **erste Auto im Weltall** ist der Mondbuggy. Die Astronauten müssen ihn nach ihrer Fahrt auf dem Mond allerdings zurücklassen.

1983 Ein **neuer Weltrekord** wird aufgestellt. Richard Noble erreicht mit der raketengetriebenen Thrust 2 in der Wüste von Nevada 1091 km/h.

1998 Die **ersten Fahrzeuge mit Hybridantrieb** werden in Serie produziert.

2005 Der Bugatti Veyron kommt auf den Markt. Mit einer Höchstgeschwindigkeit von 400 km/h ist er **das schnellste Auto**, das für den Straßenverkehr je zugelassen wurde.

Schon gewusst?

1970 wurde zu Werbezwecken ein Auto **in Form einer Orange** gebaut.

Zwei Autos in einem. Ein Bastler schweißte zwei Hälften eines Käfers zusammen, die Fahrer saßen Rücken an Rücken. Dank der doppelten Lenkungen konnte man auch seitwärts fahren.

1912 gab es ein Auto **in der Form eines Schwanes**.

Das **längste Auto der Welt** ist 30 m lang. Das Gefährt des Amerikaners Jay Ohrberg hat 26 Räder und sogar einen Swimmingpool.

Autos, die schwimmen können, heißen **Amphibienfahrzeuge**. Sie wurden für militärische Zwecke entwickelt. In den Sechzigerjahren gab es Straßenautos, die fahren und schwimmen konnten.

Manche Erfinder wollten dem Auto **das Fliegen beibringen**. Die bekanntesten sind die Filmautos aus Tschitti-Tschitti-Bäng-Bäng und James Bond sowie Herbie, der Käfer aus der Filmwerkstatt von Walt Disney.

Eines der **teuersten Serienautos** ist der Bugatti Veyron, der etwa 1,2 Millionen Euro kostet.

Das berühmte **BMW-Logo** symbolisiert die Propeller eines Flugzeugs, denn die ersten Produkte der Firma waren Flugzeugmotoren.

In sechs Jahren legt ein Pkw **durchschnittlich 97 000 km** zurück. Jedes Rad hat sich dann 54 Millionen Mal gedreht.

Der Amerikaner Jay Ohrenberg besitzt das **längste Auto der Welt**: Auf 26 Rädern rollt seine 30,5 Meter lange, selbstgebaute Limousine und bietet viel Platz, unter anderem für einen Swimmingpool mit Sprungbrett.

Basiswissen Flugzeuge

Zum ersten Mal flog der Mensch mithilfe eines Ballons, der wegen seiner heißen Gasfüllung leichter war als Luft. Es dauerte nicht lange, da entdeckten die Menschen Möglichkeiten und Vorteile, die in der Fliegerei steckten. Endlich sah man die Welt von oben: Landkarten und Stadtpläne wurden verbessert und militärische Gegner konnten genauer beobachtet werden.
Zu Beginn der Fliegerei waren die festen, aber leichten Materialien und die technische Ausrüstung, die heute verwendet wird, noch unbekannt. Die Flugzeuge blieben deshalb über Jahrzehnte hinweg abenteuerliche Kisten, die oft abstürzten. Und so dauerte es noch viele Jahre, bis der Mensch wirklich fliegen konnte. Fliegen stellt im Gegensatz zum Fahren an Land oder auf dem Wasser viel größere Anforderungen an Mensch und Maschine. Man musste erst lernen die Aerodynamik, also die Strömung der Luft, für sich zu nutzen und die Technik zu verbessern. Die Gebrüder Wright konstruierten das erste Fluggerät, das schwerer war als Luft – und trotzdem aus eigener Kraft vom Boden abheben konnte. Ihren ersten Motorflug unternahmen sie 1903. Seitdem wurden in der Luftfahrt natürlich viele Dinge verbessert, sodass unsere Flugzeuge heute vollkommen anders aussehen als damals. Vor fast einem Jahrhundert bestanden die Flieger nur aus mit Leinwand bespannten Holzstreben, heute werden Leichtmetalle und sogar feste Kunststoffe verwendet. Schneller, weiter, höher – dieses Motto bestimmt seit fast 100 Jahren die Luftfahrtsgeschichte.

Das Militär als Motor

Leider waren es meist militärische Zwecke, die für die Weiterentwicklung des Flugzeugs sorgten, und vor allem die beiden Weltkriege zeichneten für erhebliche Verbesserungen in der Luftfahrt verantworlich. So ist zum Beispiel der heute auch bei Passagierflugzeugen verbreitete Düsenantrieb eine militärische Erfindung.

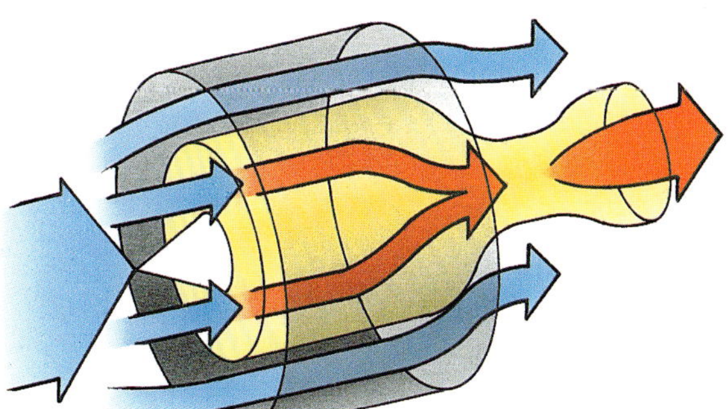

Fachbegriffe

Wer mit einem bestimmten Fachwort nichts anzufangen weiß, schlägt auf Seite 57 nach. Dort werden zahlreiche Begriffe des Flugzeugbaus erklärt.

BAe Hawk 200

Die Hawk ist ein modernes, einsitziges Kampfflugzeug, das mithilfe von Computern entwickelt wurde und mit modernster Technologie ausgestattet ist. Ihre Höchstgeschwindigkeit liegt bei 1045 km/h. Das Leergewicht der Hawk ist nur viermal höher als das eines normalen Autos.

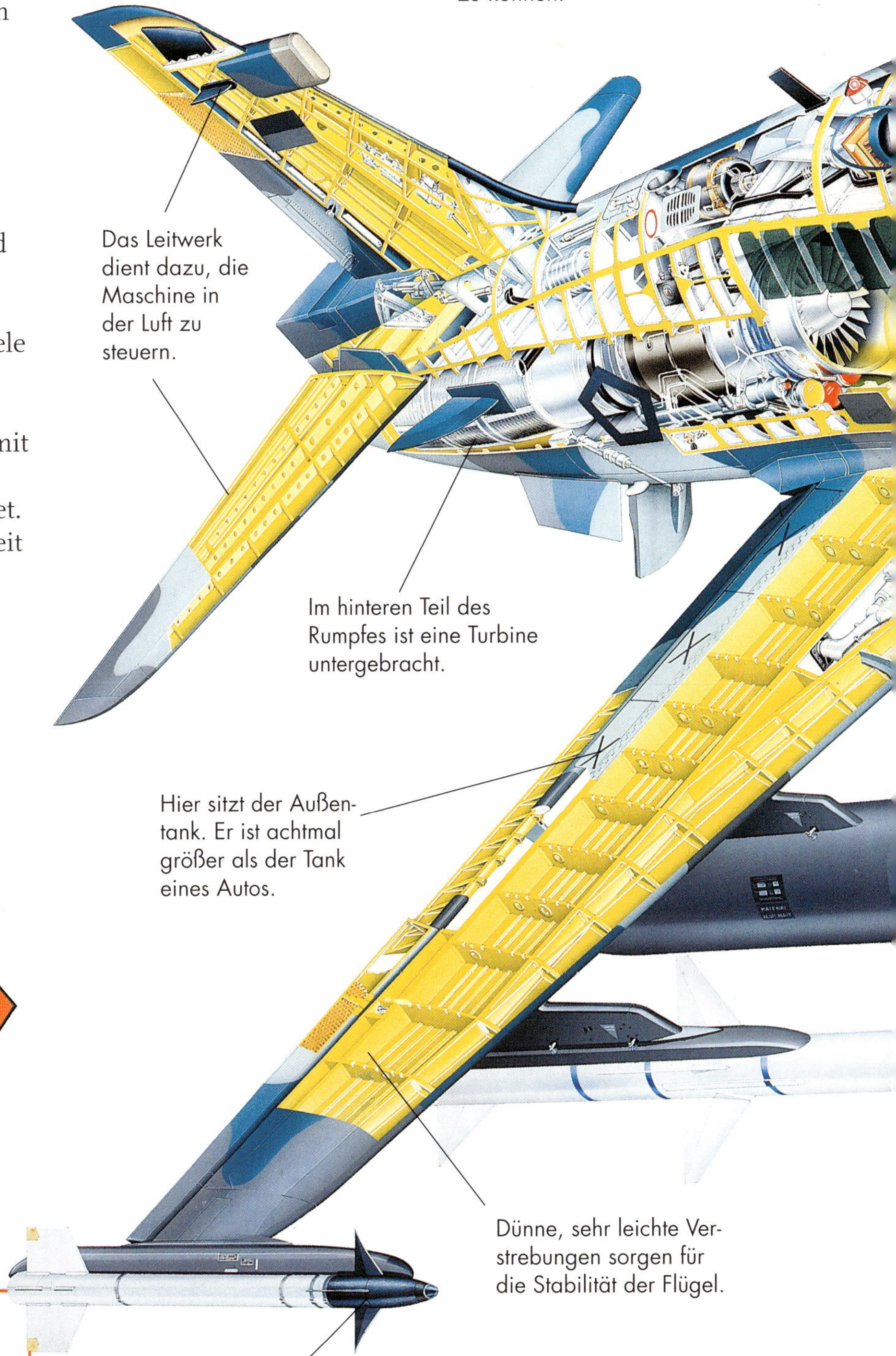

Alles über

Autos und Flugzeuge

Flugzeuge

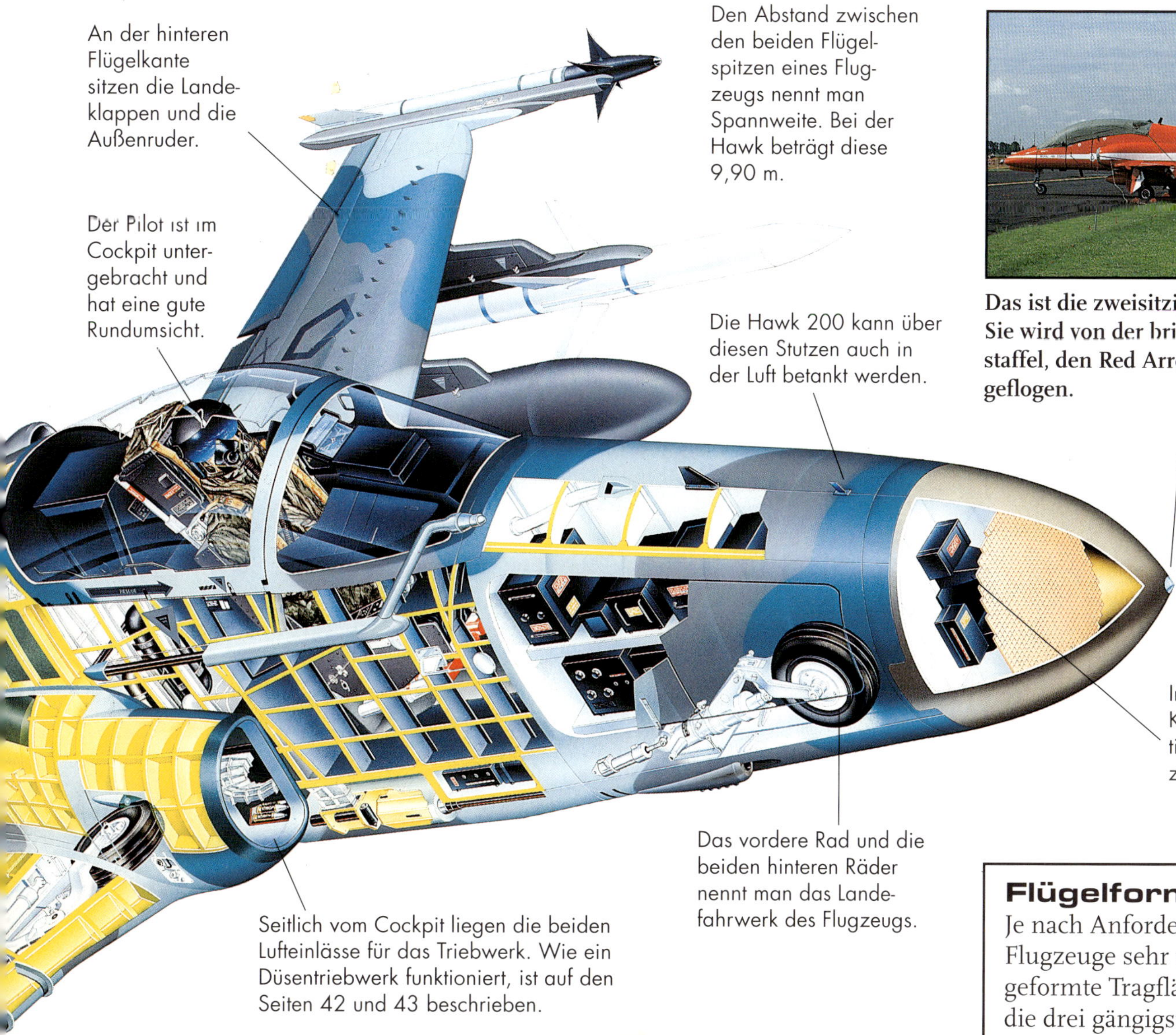

Das ist die zweisitzige Version der Hawk. Sie wird von der britischen Kunstflugstaffel, den Red Arrows (Rote Pfeile), geflogen.

Tragflächen

Die Tragflächen oder Flügel sind die charakteristischen Teile des Flugzeugs. Sie erzeugen den Auftrieb, der das Flugzeug abheben lässt. Das Flügelprofil sorgt für den notwendigen Luftstrom. Wenn das Triebwerk das Flugzeug durch die Luft antreibt, teilen die Vorderkanten der Flügel den Luftstrom. Das Flügelprofil ist speziell geformt: So muss die Luft, die über den Flügel hinwegstreicht, einen längeren Weg zurücklegen als die Luft, die unter dem Profil hindurchströmt. Durch diese unterschiedlichen Strömungsgeschwindigkeiten erhöht sich der Luftdruck auf der Flügelunterseite und hebt das Flugzeug an.

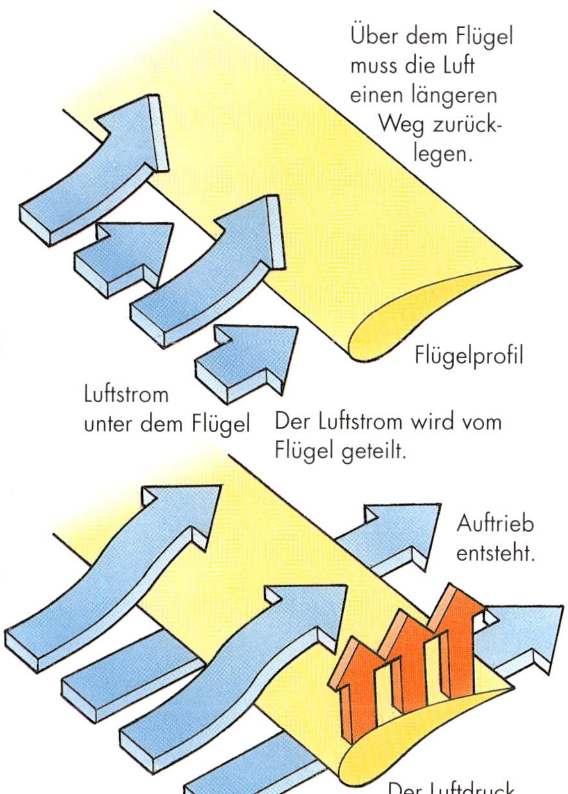

Flügelformen

Je nach Anforderung haben Flugzeuge sehr unterschiedlich geformte Tragflächen. Hier sind die drei gängigsten Flügelformen abgebildet.

Lange, gerade im Rumpf endende Flügel findet man meistens bei langsamen Transportmaschinen.

Schnelle Verkehrsflugzeuge haben nach hinten abgewinkelte Pfeilflügel.

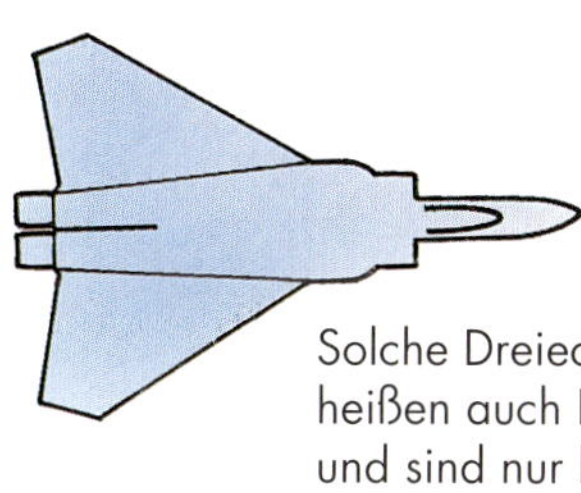

Solche Dreiecksflügel heißen auch Deltaflügel und sind nur bei sehr schnellen Jets zu finden.

Steuerung

Auf Seite 35 wurde erklärt, wie ein Flügel Auftrieb erzeugt. Der Auftrieb ist aber nur eine Kraft, die auf das Flugzeug wirkt. Des Weiteren sind Vortrieb, Luftwiderstand und die Schwerkraft aktiv. Damit ein Flugzeug fliegt, muss der Auftrieb größer sein als die Schwerkraft und der Vortrieb größer als der Luftwiderstand.

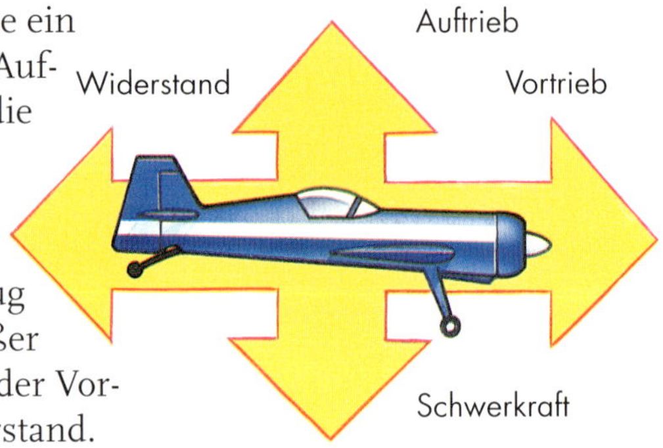

Der Motor des Flugzeugs erzeugt Schub, die Flügel liefern den Auftrieb. Gegen diese beiden Kräfte wirken die Schwerkraft, die das Flugzeug nach unten zieht, und der Luftwiderstand, der sich dem Flieger entgegenstemmt.

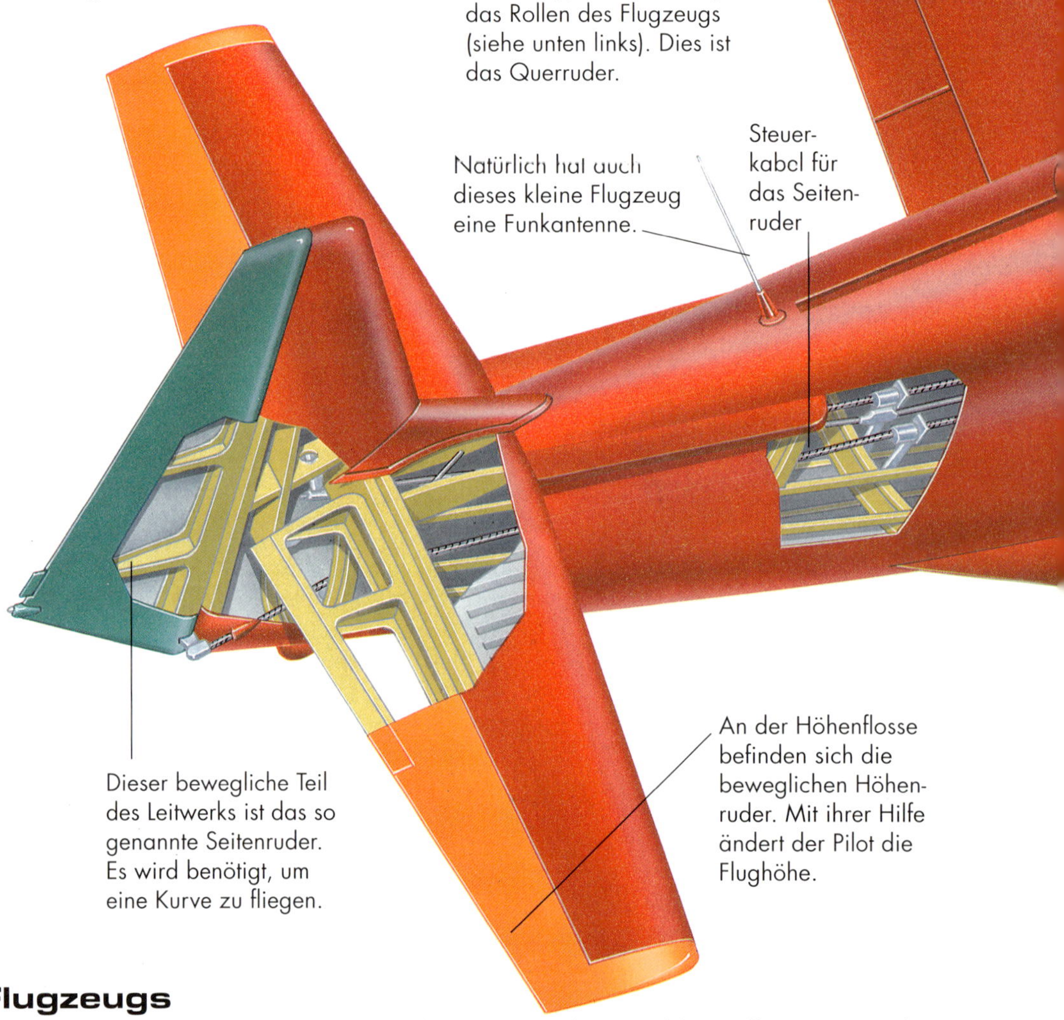

Auf dieser Zeichnung sind das Innenleben des Flugzeugs, die Steuerung von Klappen und Rudern sowie die Verbindungsgestänge zum Steuerknüppel dargestellt.

Die Flügelklappen

Wenn das Flugzeug in der Luft ist, muss es durch die Steuerung kontrolliert werden, sonst stürzt es ab. Der Pilot muss aber auch die Flugrichtung und die Flughöhe bestimmen können. Das ist keine leichte Aufgabe, die viel Konzentration verlangt.
Die Flugrichtung ändert der Pilot durch Verstellen der Ruderklappen. Dadurch lenkt er den Luftstrom um und zwingt das Flugzeug in eine andere Lage. Mit dem Steuerknüppel steuert er die Klappen in den Flügeln und im Leitwerk am Heck des Flugzeugs.

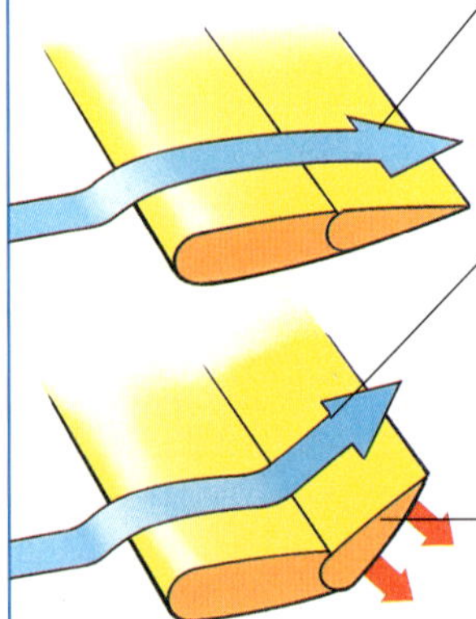

Hauptbewegungen des Flugzeugs

Steigt eine Tragfläche auf, während die andere sinkt, so sagt man: Das Flugzeug rollt. Diese Bewegung wird mit den Klappen in den Flügeln ausgelöst und ist für den Kurvenflug von Bedeutung.

Wenn der Pilot den Steuerknüppel nach vorne und hinten drückt, bewegen sich die Höhenruder am Leitwerk. Das Flugzeug sinkt oder gewinnt an Höhe. Man sagt auch: Das Flugzeug nickt.

Mit dem Fachbegriff Gieren wird die seitliche Bewegung des Flugzeugs beschrieben. Führt der Pilot den Steuerknüppel zur Seite, bewegt sich das Seitenruder und das Flugzeug fliegt nach links oder rechts.

Rollen

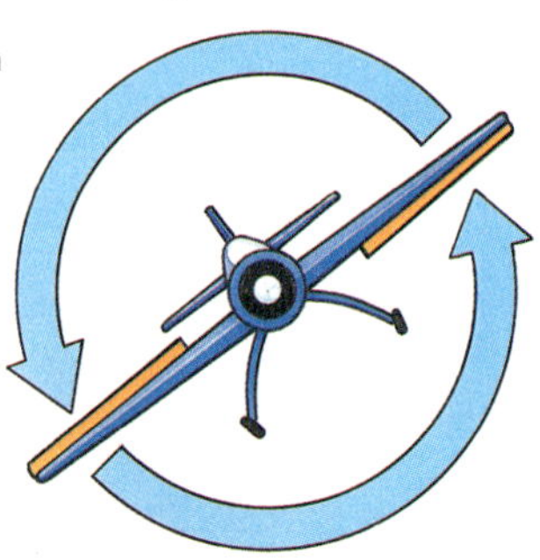

Der linke Flügel steigt nach oben.

Nicken

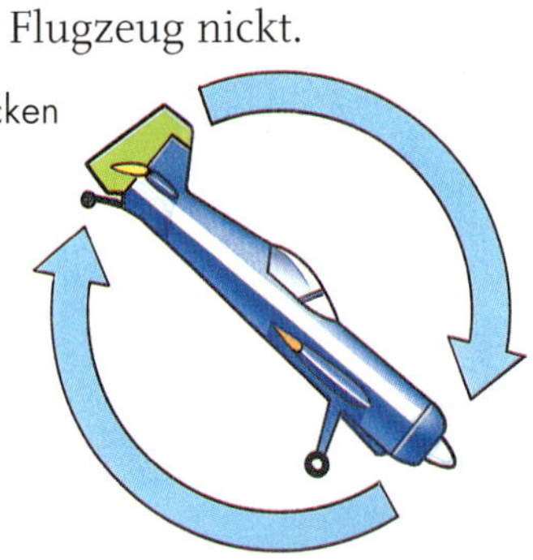

Die Nase zeigt nach unten.

Gieren

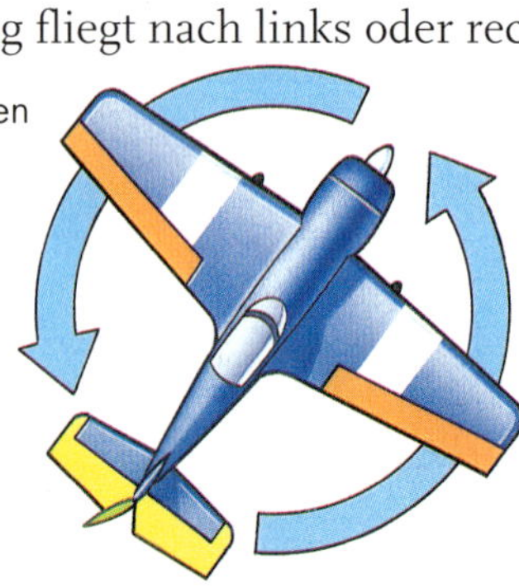

Das Flugzeug ändert die Richtung.

Diese Slingsby Firefly wurde aus modernen Materialien hergestellt. Die Ruder zum Beispiel sind aus Kunststoff gefertigt, der durch Glasfaser verstärkt ist.

Mit dem Steuerknüppel kann der Pilot Höhe und Richtung seines Flugzeugs beeinflussen. Wenn er ihn zieht oder nach vorne drückt, wird das Höhenruder bewegt. Führt er ihn nach links oder rechts, steuert er das Seitenruder.

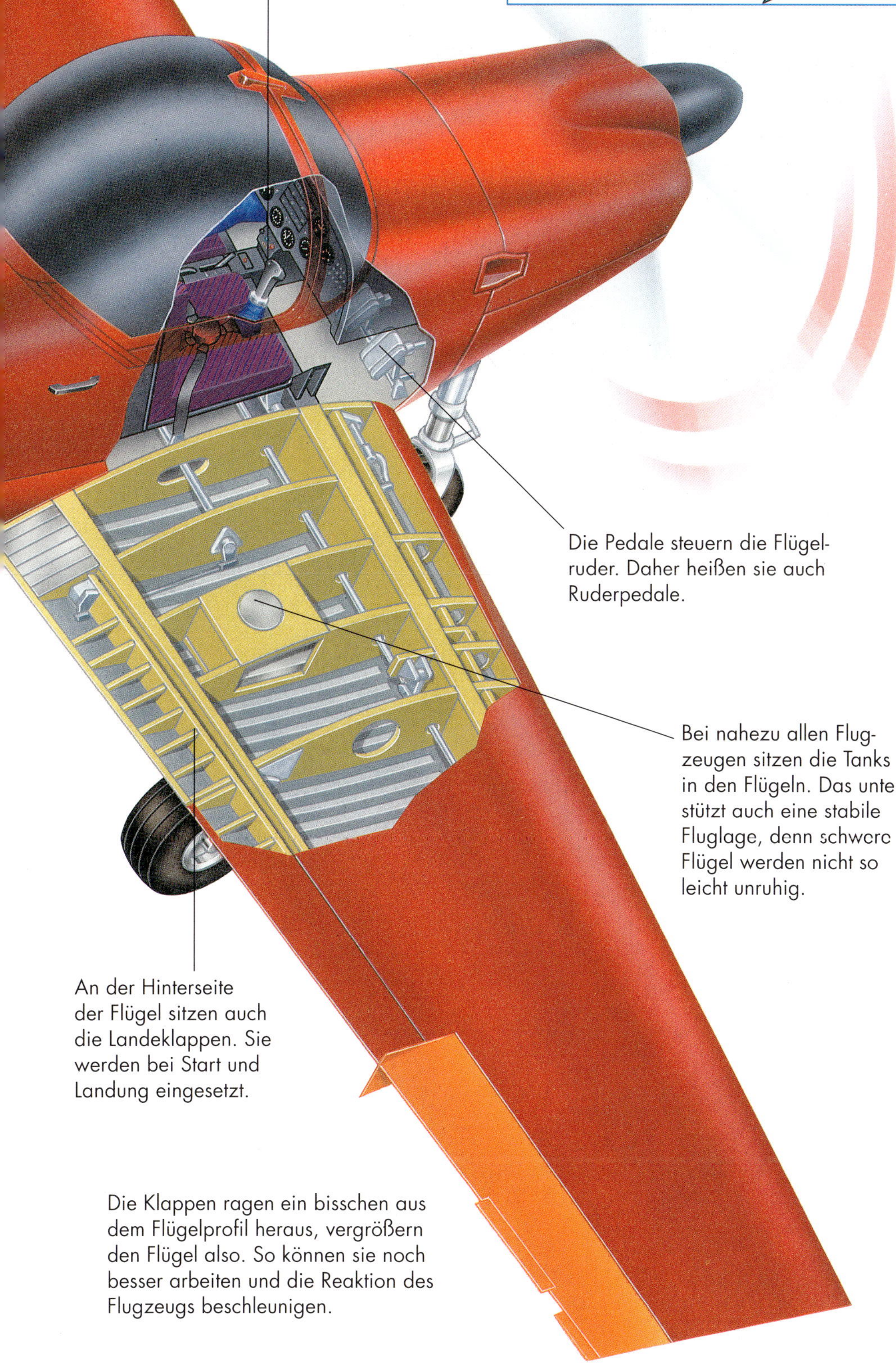

Die Pedale steuern die Flügelruder. Daher heißen sie auch Ruderpedale.

Bei nahezu allen Flugzeugen sitzen die Tanks in den Flügeln. Das unterstützt auch eine stabile Fluglage, denn schwere Flügel werden nicht so leicht unruhig.

An der Hinterseite der Flügel sitzen auch die Landeklappen. Sie werden bei Start und Landung eingesetzt.

Die Klappen ragen ein bisschen aus dem Flügelprofil heraus, vergrößern den Flügel also. So können sie noch besser arbeiten und die Reaktion des Flugzeugs beschleunigen.

Kombinierte Fluglage

Alle Steuerelemente des Flugzeugs können gleichzeitig bedient werden. So kann der Pilot seine Maschine „weich“ fliegen und zur selben Zeit Höhe und Richtung ändern.

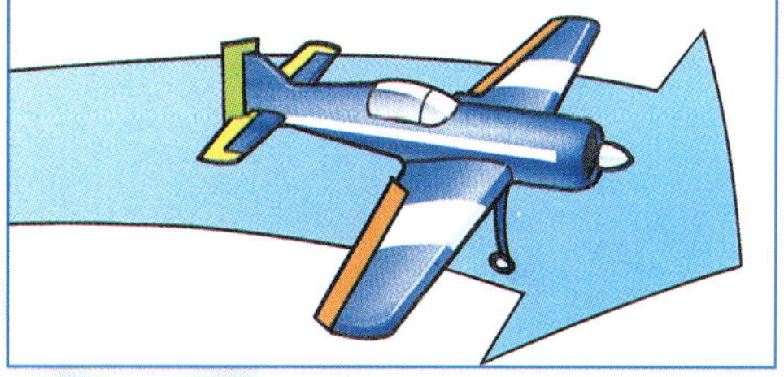

Stalling

Wenn ein Flugzeug steil nach oben fliegt, werden die Flügel nicht mehr richtig angeströmt. Reicht die Kraft des Motors nicht mehr aus, um den Flieger voranzutreiben, dann reißt der Luftstrom uber den Flugeln ab und das Flugzeug fällt einfach nach unten. Einen solchen Abriss der Strömung nennt man Stalling.

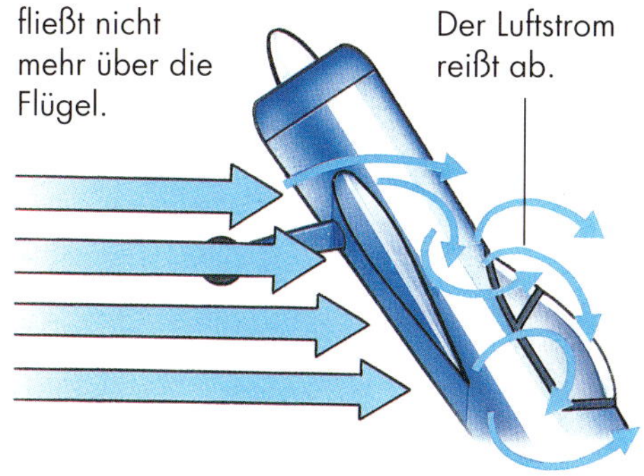

Der Pilot darf sein Flugzeug nicht in zu starkem Winkel steigen lassen, sonst wird es schwierig, es abzufangen. In Bodennähe ist das Stalling besonders gefährlich. Ein Computersystem warnt vor dieser Gefahr.

Stabile Fluglage

Neben den über den Steuerknüppel betätigten Klappen und Rudern haben moderne Flugzeuge noch andere Einrichtungen, um ihre Fluglage stabil zu halten. Die Trimmklappen helfen dem Piloten Seitenwinde auszugleichen. Auf der Flügeloberseite befinden sich die Bremsklappen. Sie verlangsamen den Luftstrom auf der Oberseite der Flügel und bremsen das Flugzeug bei der Landung. Auch die Vorflügel und die Landeklappen vergrößern die Flügelfläche vor der Landung.

Ein Flugzeug hat seine Flügelklappen für die Landung eingestellt.

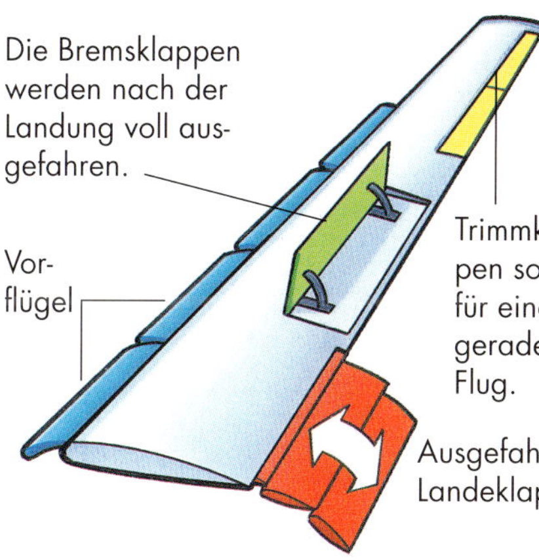

Cockpits

Vom Cockpit aus steuert der Pilot das Flugzeug. Die Instrumententafel gibt über verschiedene Teile der Maschine Auskunft und erleichtert die Navigation mithilfe eines künstlichen Horizonts oder eines Radarschirms.

Das Cockpit von Optica erlaubt einen hervorragenden Ausblick. Es eignet sich optimal für Beobachtungen aus der Luft.

Künstlicher Horizont

Der so genannte künstliche Horizont zeigt die Schräglage des Flugzeugs an. Ein Kreiselkompass hält eine Linie auf dem Instrument waagrecht zum Erdboden, während eine Darstellung der beiden Flügel die Lage des Flugzeugs symbolisiert. Neigt sich das Flugzeug in einer Kurve, scheint sich der Horizont zu bewegen. Tatsächlich bewegt sich aber das Flugzeug und verändert seine Lage zum Erdboden in einem Winkel, der dann auf dem Instrument abgelesen werden kann.

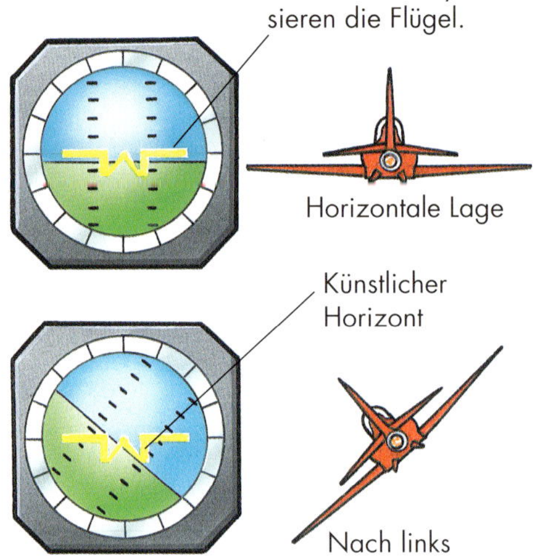

Die ersten Cockpits

Die ersten Cockpits waren nicht sehr komfortabel. Meistens saßen Pilot und Passagiere im Freien und hatten keinerlei Wetterschutz.

Während moderne Cockpits voller Technik stecken, finden sich in älteren Flugzeugen nur wenige Bedienungshebel und Instrumente. Wie einfach frühe Cockpits ausgestattet waren, zeigt der Blick auf die Instrumententafel einer De Havilland Leopard Moth von 1933 (rechts).

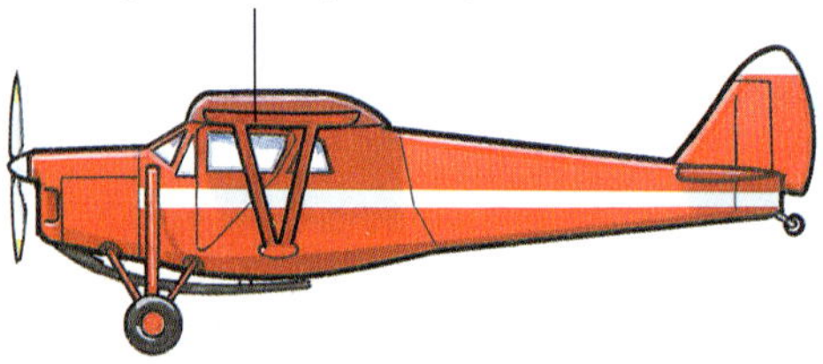

In den Dreißigerjahren wurden 133 Leopard Moth von De Havilland gebaut.

Übertragungstechnik

Bei Seglern und kleinen Flugzeugen sind die Bedienungshebel über Seilzüge und Rollen direkt mit den Steuerflächen verbunden.

Bei größeren Flugzeugen funktioniert die Steuerung über ein hydraulisches System. Dort wird, wie auf der Darstellung rechts zu sehen ist, eine frostsichere Flüssigkeit unter Druck gesetzt. Mithilfe der Flüssigkeit übertragen Zylinder und Leitungen die Steuerbefehle des Piloten auf alle Steuerelemente der Tragflächen und des Seitenleitwerks.

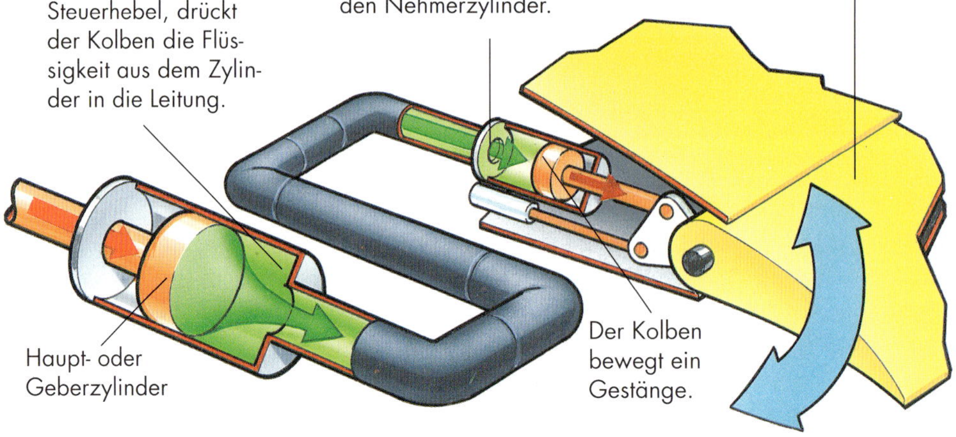

Staurohre und Geschwindigkeitsmesser

Staurohre oder auch „Pitot'sche Rohre" sind kleine Rohre, die an der Nase des Flugzeugs oder an einem Flügel angebracht sind. Hier werden zwei Luftdrücke gemessen: Der Umgebungsluftdruck und der Staudruck der Luft, die mit der Fluggeschwindigkeit vorne auf das Rohr trifft. Beide Werte werden an die Cockpitinstrumente weitergegeben. Aus dem Unterschied der beiden Drücke ermittelt das so genannte ASI die exakte Fluggeschwindigkeit, die dann auf der Geschwindigkeitsanzeige abgelesen werden kann.

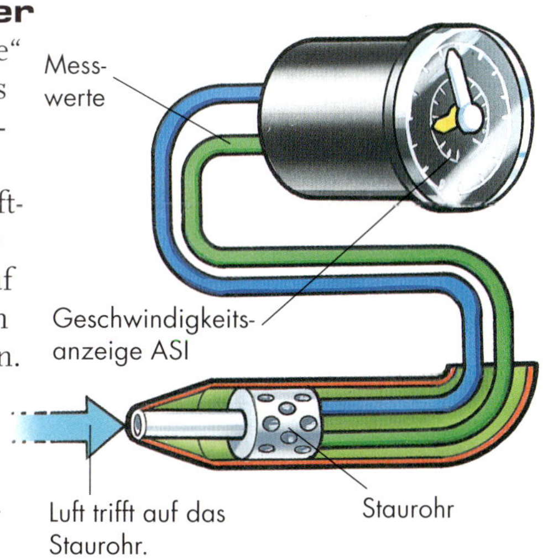

Höhenmesser

Die Flughöhe über dem Erdboden wird auf dem Höhenmesser abgelesen. Einige Geräte messen mit einem Radarstrahl, andere mit dem Wert des Pitot'schen Rohrs. Je höher das Flugzeug fliegt, desto geringer ist der Luftdruck. Aus dem Luftdruckunterschied zum Erdboden ermitteln die Geräte die Flughöhe.

Mit einer luftdichten Kapsel wird der Druckunterschied ermittelt.

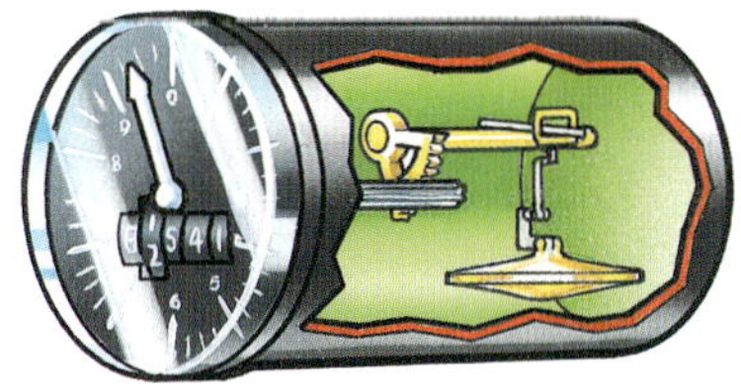

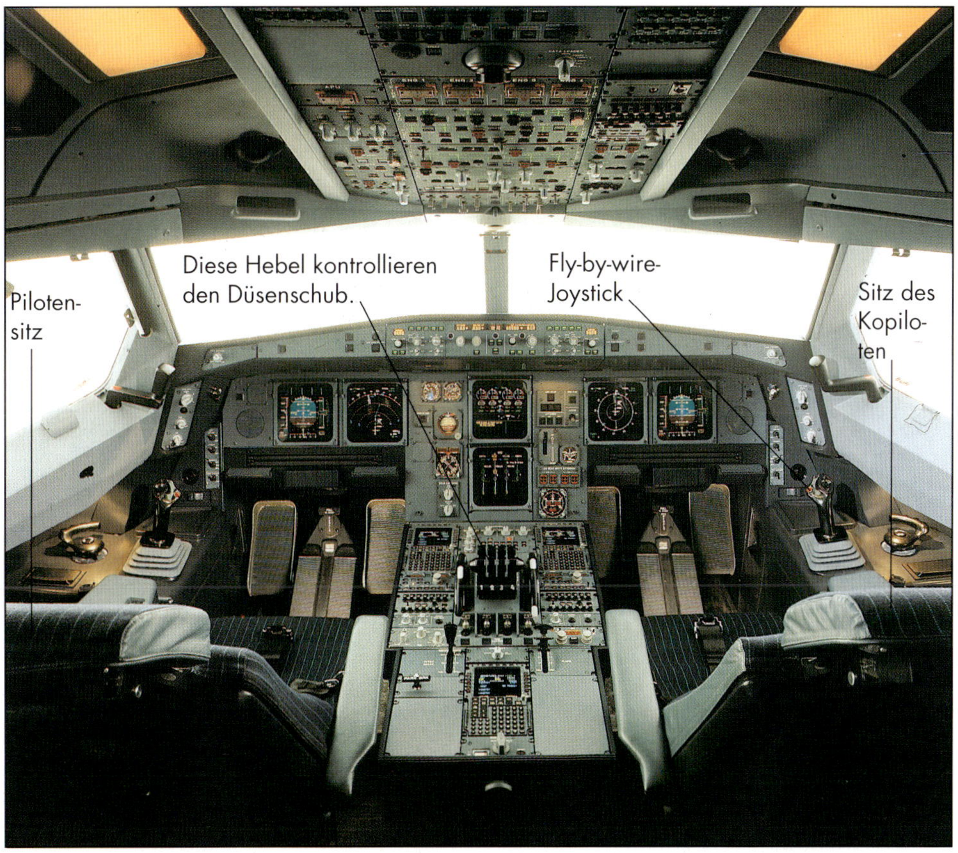

Moderne Cockpits

Mit der Weiterentwicklung der Flugzeuge wurden auch die Cockpits immer aufwändiger und die Zahl der Instrumente stieg stark an.
Bei modernen Passagierflugzeugen wie dem Airbus A-34 und auch der Boeing 777 zeigen nicht mehr lange Instrumentenreihen, sondern übersichtliche Bildschirme alle wichtigen Informationen an. Daher spricht man heute auch nicht mehr von den Cockpits, sondern von „Flight Decks". Im Bild links ist das Flight Deck des Airbus zu sehen.

Bei einer Flugshow in England wurde diese Versuchsversion des Airbus A-340 der Öffentlichkeit vorgestellt.

Die F-16 des amerikanischen Luft- und Raumfahrtkonzerns General Dynamics war eine der ersten Militärmaschinen, die mit Fly-by-wire ausgerüstet wurde.

Fly-by-wire

In den modernsten Flugzeugen wird die Hydraulik durch ein Fly-by-wire-System ersetzt. Bei dieser elektronischen Flugsteuerung werden Steuerbefehle des Piloten von einem Computer über Kabel an elektrische Steuermotoren weitergeleitet. Fly-by-wire ist ein sehr präzises System; es ist leichter als die schwere Hydraulik und einfacher zu warten. Außerdem lässt sich die Steuerung leicht mit anderen elektronischen Bordsystemen wie Navigationscomputern oder der Satellitennavigation verbinden.

In Fly-by-wire-Cockpits wird der Steuerknüppel durch einen kleinen Joystick ersetzt, der neben dem Pilotensitz montiert ist.

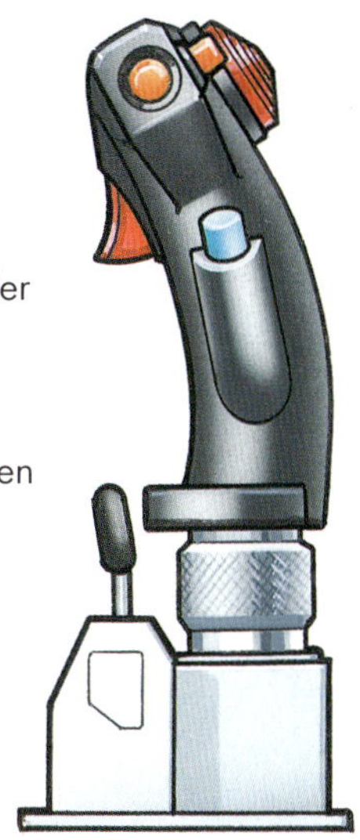

Passagierflugzeuge

Heute befördern Verkehrsflugzeuge viele Passagiere. Frühe Linienflieger dagegen konnten nur ein paar Fluggäste aufnehmen, die in kalten und sehr lauten Kabinen Platz nehmen mussten. Außerdem war die Reichweite dieser Maschinen sehr gering.

Diese Ford Tri-Motor hatte eine maximale Reichweite von etwa 800 km. Moderne Verkehrsflugzeuge können ohne aufzutanken die 20fache Strecke zurücklegen.

Airbus A-340

Der Airbus A-340 wurde Anfang der 1990er-Jahre vorgestellt. Inzwischen gibt es vier verschiedene Varianten, die sich unter anderem in Reichweite und Anzahl der Sitzplätze unterscheiden. Das Flugzeug war damals das erste Modell mit vier Triebwerken, das durch den Zusammenschluss von europäischen Firmen mit dem Namen Airbus Industries entwickelt wurde. Gemeinsam mit dem amerikanischen Flugzeughersteller Boeing beherrscht Airbus den Weltmarkt.

Ein Airbus A-340 überquert tief verschneite Berge.

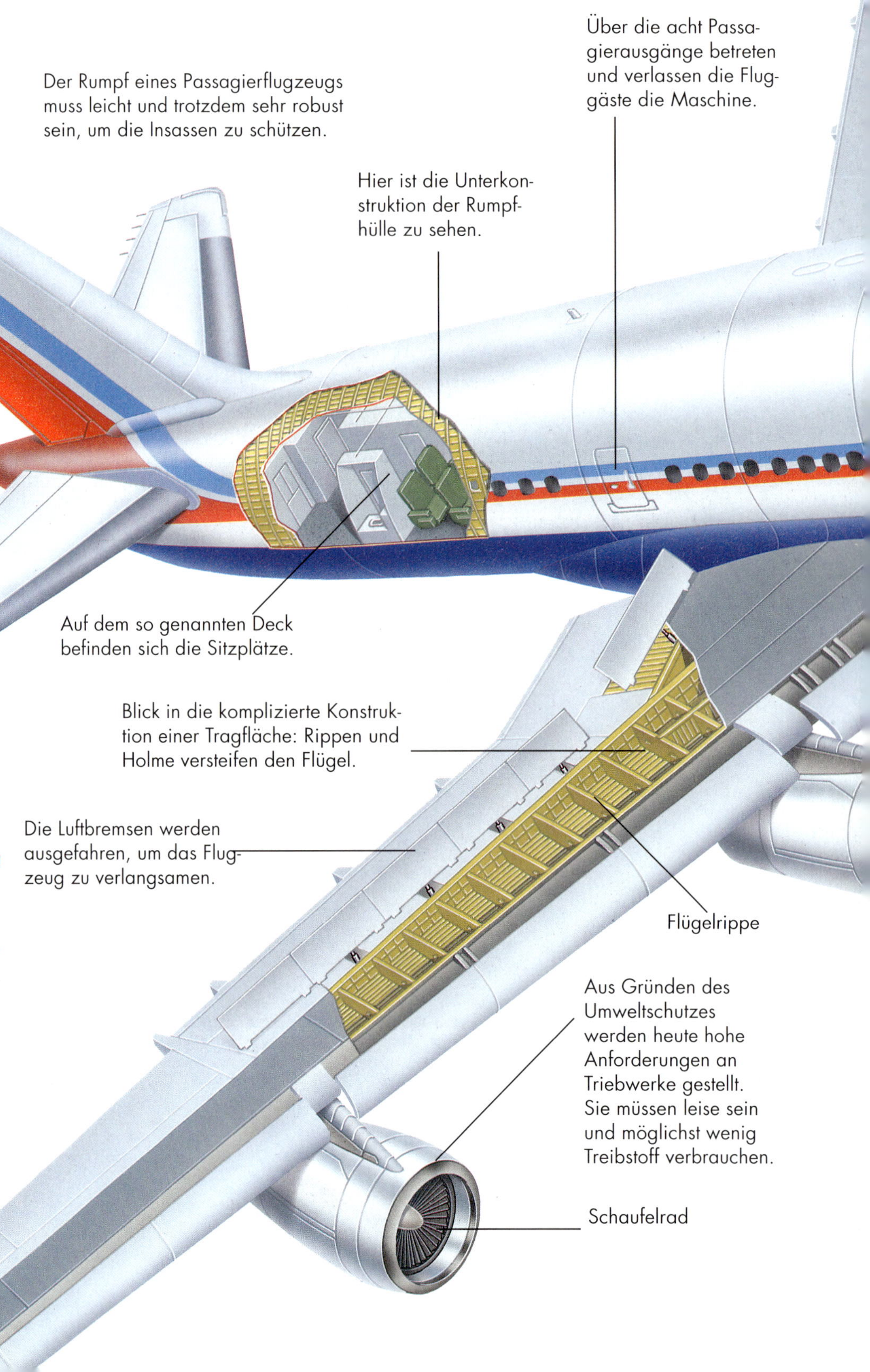

Druckkabinen

Steigt ein Flugzeug in große Höhen, wird die Umgebungsluft immer dünner. Bei den heutigen Flughöhen könnten die Passagiere nicht mehr atmen. Deshalb werden die luftdichten Kabinen mit Pressluft gefüllt, bis der Luftdruck in etwa dem auf der Erde entspricht.

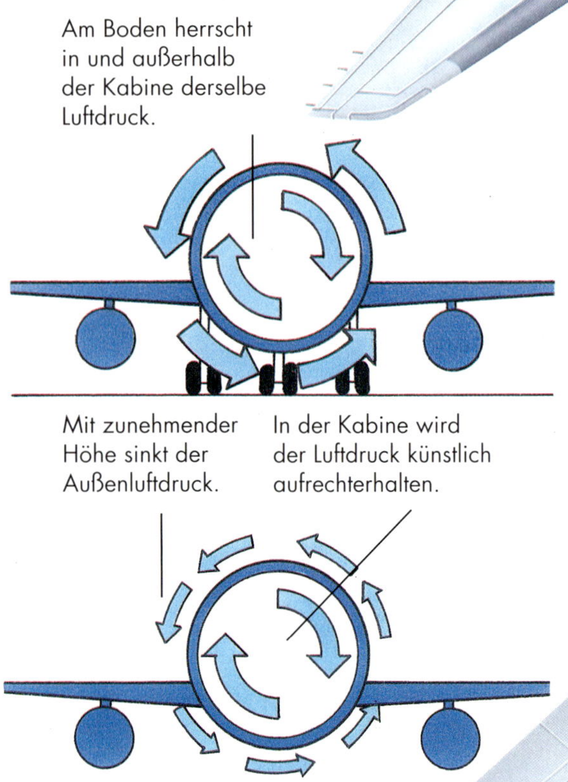

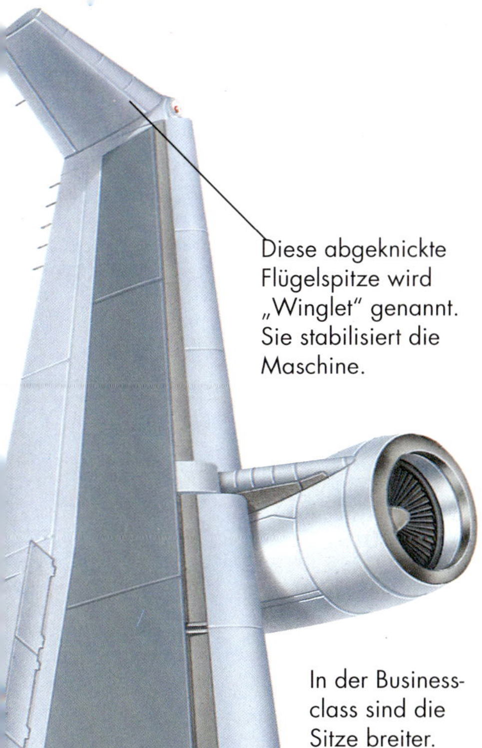

Sitzordnung

Die Anzahl der Sitzplätze sowie deren Anordnung und Ausstattung bestimmt die jeweilige Klasse an Bord. Die preiswerten Plätze der Economyclass bieten weniger Komfort als die extrabreiten Sitze der teuren Luxusklasse. In modernen Flugzeugen kann die Bestuhlung schnell der Nachfrage angepasst werden.

Die Anzahl von Sitzplätzen nebeneinander kennzeichnet die jeweilige Klasse.

Sechs Sitze in der Firstclass

Sieben Sitze in der Businessclass

Acht Sitze in der Economyclass

Sitzkomfort

Fluggesellschaften bemühen sich den Aufenthalt an Bord möglichst angenehm zu machen. Neu entwickelte Sitze können zu Betten auseinander geklappt werden und individuelle Videobildschirme bieten jedem das richtige Programm.

Be- und Entladen

Alle Linienflüge transportieren Fracht – vom Gepäck der Fluggäste bis hin zu Post oder Stückgut. Nach der Landung wird das Flugzeug „umgedreht": Es muss entladen und mit neuer Fracht beladen werden, die Maschine wird aufgetankt und gewartet. Meist stehen für solche Arbeiten nur wenige Stunden zur Verfügung, daher ist es wichtig, dass das Bodenpersonal perfekt zusammenarbeitet.

Am Flughafen entscheiden die Ladecontroller, was wann wohin geladen wird. Außerdem muss die benötigte Treibstoffmenge ermittelt werden.

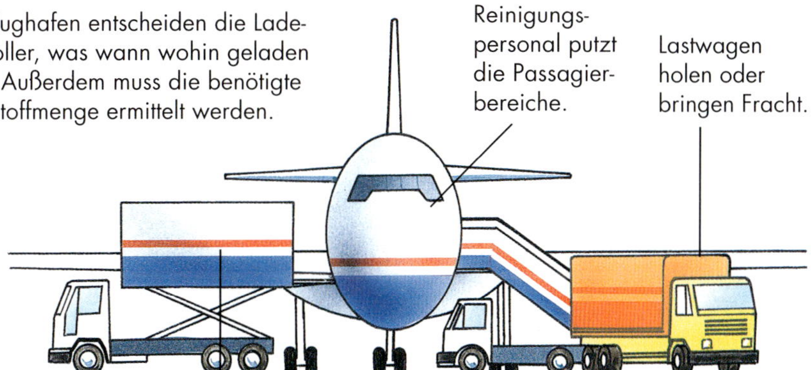

Cargo-Flieger

Einige Passagierflugzeuge wurden zu reinen Frachtmaschinen umgerüstet. Im 7 m hohen Laderaum des Airbus A-300-600ST können Maschinen und Flugzeug- oder Raketenteile mit einem Gewicht von bis zu 45 t transportiert werden.

Über ein großes Tor wird der gewaltige Rumpf des A-300-600ST beladen.

Triebwerke

Jedes Flugzeug braucht mindestens ein Triebwerk, um in der Luft zu bleiben. Einige Flugzeuge werden von Kolbenmotoren angetrieben, größere verfügen über Turbinenantrieb.

Kolbenmotoren

Seit 1880 werden Kolbenmotoren für Autos gebaut – die Motoren von Flugzeugen funktionieren nach demselben Prinzip. Anstelle von Rädern werden bei Flugzeugen jedoch Propeller mit großer Geschwindigkeit angetrieben. Flugzeugmotoren verbrennen eine Mischung aus Luft und Flugbenzin und müssen lange Zeit mit gleich bleibender Drehzahl laufen können.

Gasturbinen

Turbinentriebwerke, auch Düsentriebwerke genannt, verbrennen ein Gasgemisch aus Kerosin und Luft. Die heißen Verbrennungsgase bewegen eine Reihe von Schaufelrädern. Solche Turbinen wurden erstmals während des Zweiten Weltkriegs eingesetzt. Heute sind sie vor allem als moderne Turbofan-Triebwerke bei vielen großen Passagierflugzeugen zu finden. Doch auch schnelle Überschalljets sind mit Düsentriebwerken ausgestattet.

Rolls-Royce RB-211-535

Das leistungsstarke Triebwerk RB-211-535, das von dem Automobilproduzenten Rolls-Royce hergestellt wird, erzeugt eine Kraft von 192 kN – mehr als die von 50 Pkws zusammen. Auch moderne Flugzeuge wie die russische Tupolew Tu-204 sind mit Motoren von Rolls-Royce ausgerüstet.

Diese Boeing 757 wird von zwei RB-211-535-Triebwerken angetrieben.

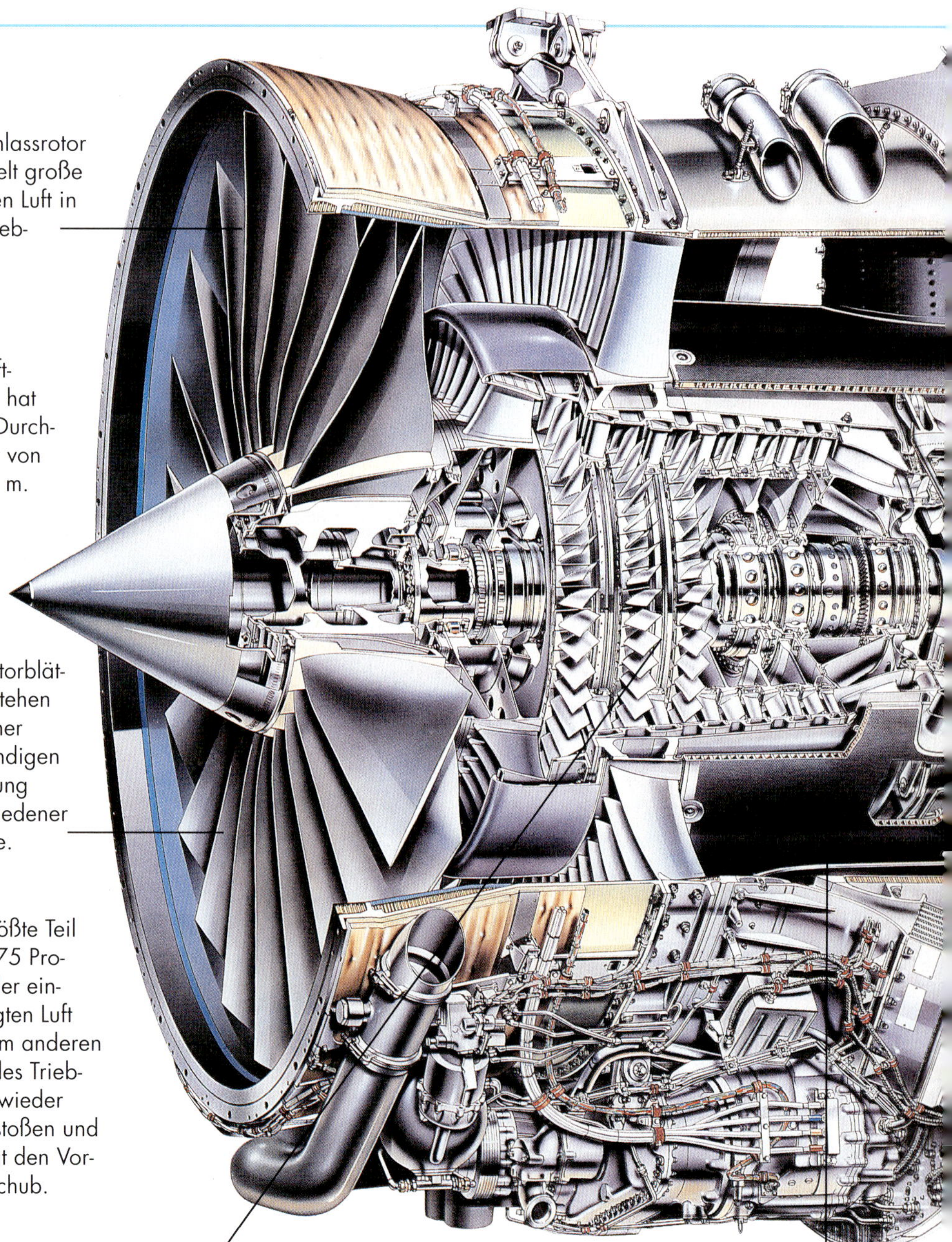

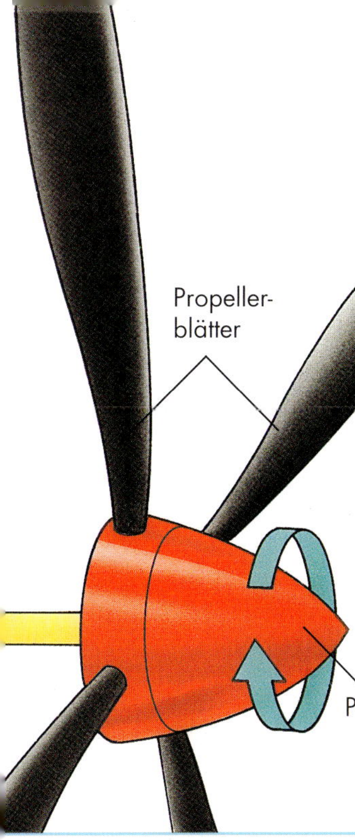

Luftschrauben

Luftschrauben, Propeller genannt, haben meistens zwischen zwei und fünf Blätter. Durch ihre Formgebung schaufeln diese Luft nach hinten und ziehen das Flugzeug somit vorwärts. Bei vielen Propellertypen kann die Stellung der Blätter vom Piloten für verschiedene Flugmanöver justiert werden. Bei einem steilen Steigflug benötigt er zum Beispiel mehr Zugkraft als bei ruhigem Dahingleiten auf Reisehöhe.

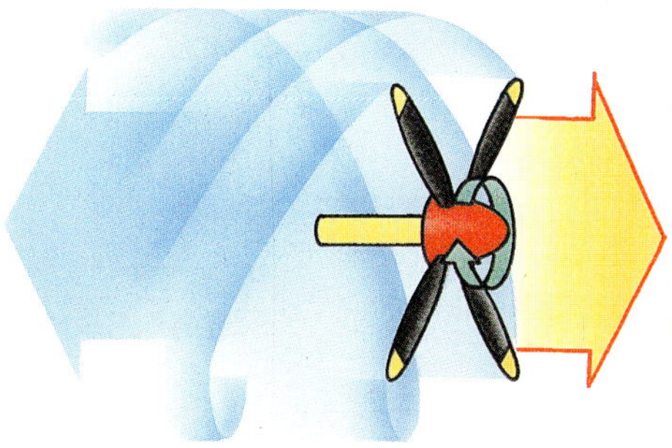

Wie eine Schraube dringt der Propeller in die Luft.

Einige Propellertypen haben erstaunlich viele Blätter. Dieser Doppelpropeller einer russischen Antonow An-76 hat zum Beispiel zwölf Blätter.

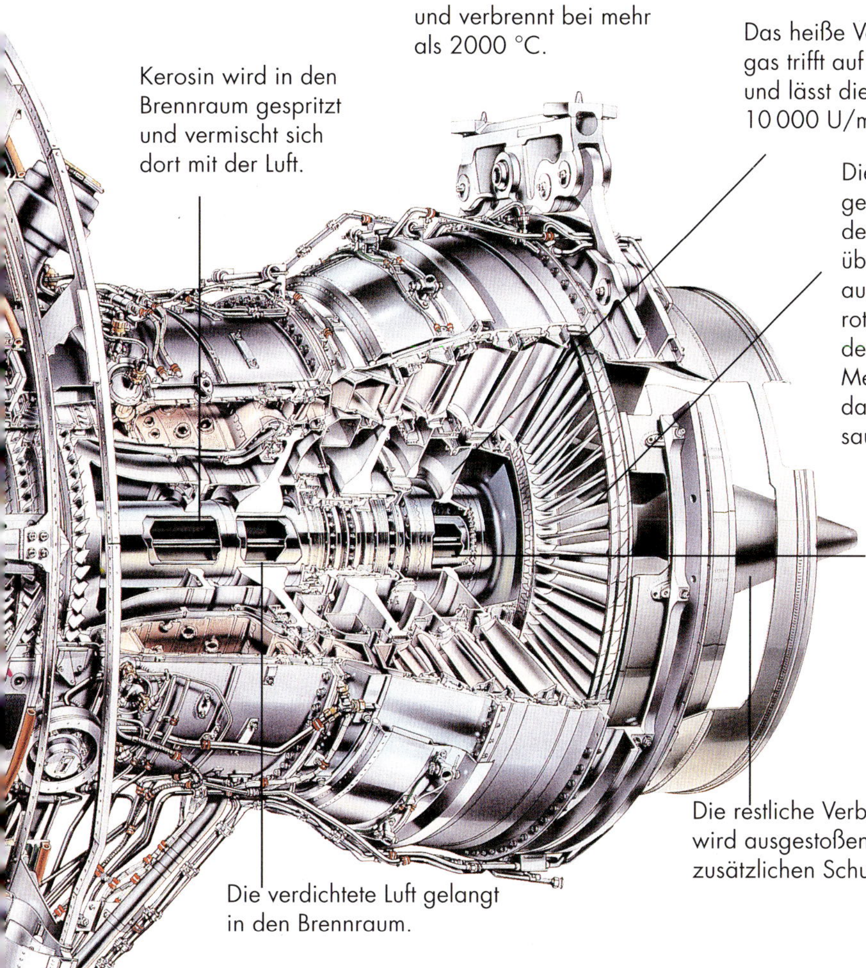

Zerteilte Luft

In einem Turbofan-Triebwerk wird die eingesaugte Luft geteilt, ein geringer Teil mit Treibstoff gemischt und verbrannt. Der Großteil strömt durch den Bypass-Trakt, wird wieder ausgestoßen und erzeugt dabei Schubkraft. Außerdem kühlt die Luft im Vorbeistreichen die Brennkammer.

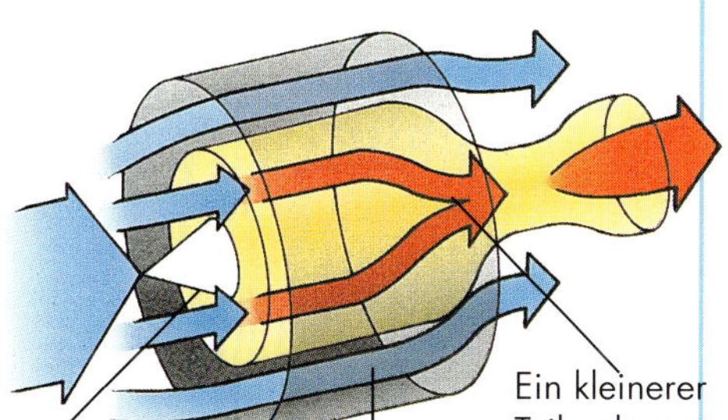

Turbojets und -props

Turbojet-Triebwerke sind die einfachste Art von Turbinenantrieben. Hier wird der Schub nur von den ausgestoßenen Verbrennungsgasen erzeugt. Turbojets sind sehr laut und verbrauchen große Mengen Treibstoff. Man findet sie bei besonders schnellen Flugzeugen.

Die überschallschnelle Concorde wird von vier Turbojets angetrieben.

Bei Turboprop-Triebwerken wird anstelle des Einlassrotors ein Propeller angetrieben. Turboprop-Maschinen brauchen weniger Kraftstoff und sind relativ leise, fliegen aber nicht schneller als 800 km/h.

Diese Fokker F27 hat zwei Turboprops.

Pilotenausbildung

Diese Flugschüler üben den vorschriftsmäßigen Funkverkehr.

Wer Pilot werden will, muss sehr viel Arbeit und Zeit investieren. Piloten müssen nicht nur ihren Flugzeugtyp ganz genau kennen, sondern auch viel über Wetterkunde, Flugbetrieb, Navigation und Sicherheitsbestimmungen wissen. Während der Ausbildung pauken sie viele Stunden Theorie und absolvieren zahlreiche Trainingsflüge.

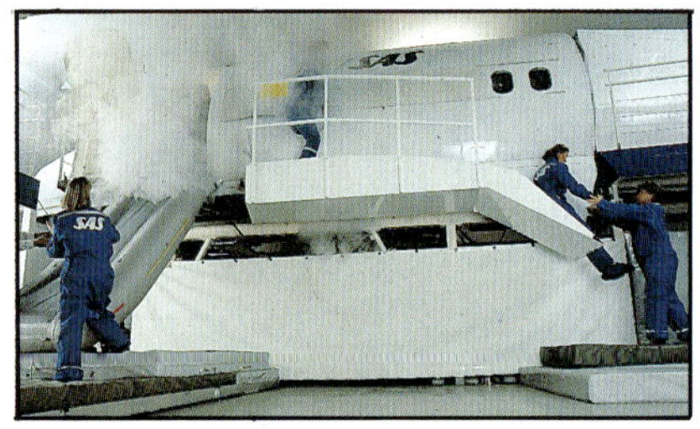

Auch das Flugpersonal braucht Übung. Hier wird die Brandbekämpfung trainiert.

Trainingsflugzeuge

Übungsmaschinen sind mit zwei Führerständen ausgerüstet. Gerät der Schüler einmal in eine schwierige Situation, dann kann der Fluglehrer das Steuer übernehmen.

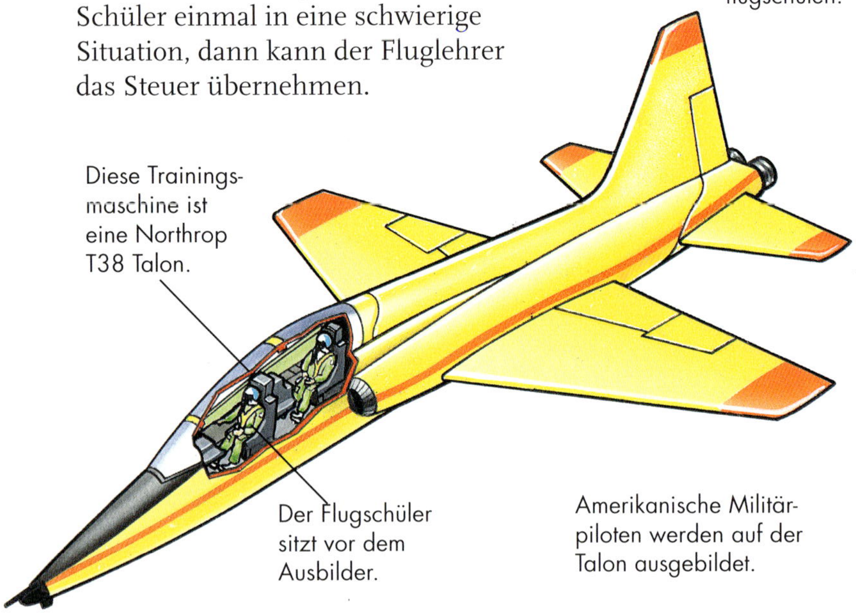

Soloflug

Nach langen Theoriekursen und vielen, von einem Lehrer begleiteten Stunden in der Luft muss der Flugschüler seinen ersten Soloflug absolvieren. Danach folgen zahlreiche Allein- und Navigationsflüge über weite Strecken oder in der Nacht. Erst dann wird die begehrte erste Motorfluglizenz ausgestellt.

Segelflugzeuge

Viele Flugbegeisterte lernen das Fliegen in nicht motorisierten Flugzeugen. Segelflugzeuge sind einfacher zu bedienen und verursachen weniger Kosten. Trotzdem macht der Flug großen Spaß. Segler können auf verschiedene Weise gestartet werden. Einige haben Motoren, die nur zum Aufsteigen benützt werden, andere lassen sich von einer starken Winde ziehen, bis der Auftrieb an den Flügeln ausreicht. Oft schleppen auch Motorflugzeuge den Segler in die Höhe. Ist die gewünschte Flughöhe erreicht, wird das Schleppseil ausgeklinkt und das Motorflugzeug kehrt zum Flugplatz zurück. Die Segelflieger versuchen auf Aufwinden zu kreisen. Diese entstehen an Hängen, an denen die Luft nach oben abgelenkt wird, oder durch warme Luft, die nach oben strömt. Bei Letzteren spricht man von Thermik.

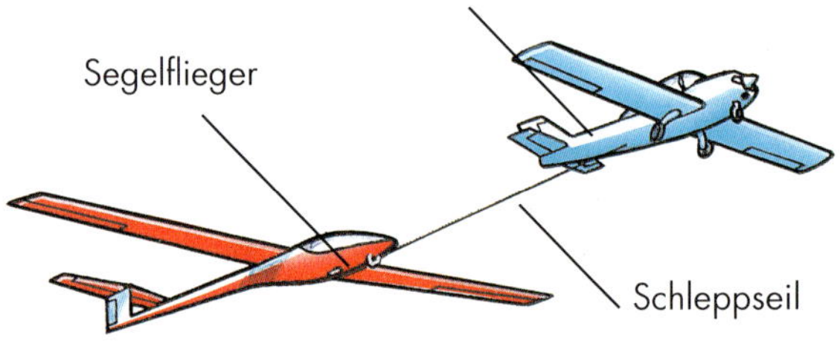

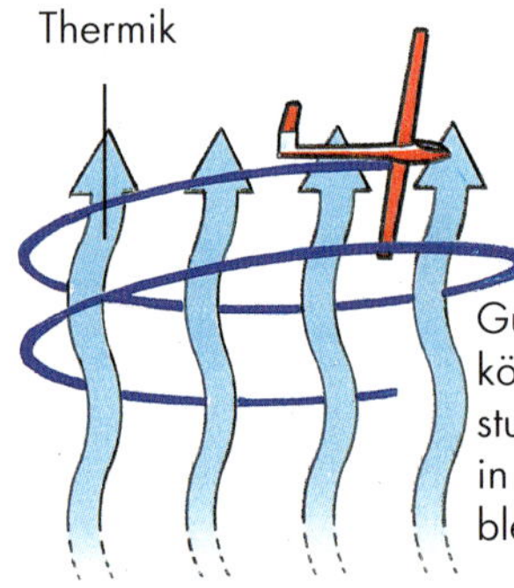

Flugsimulatoren

In einem Flugsimulator fühlt man sich wie in einem echten Flugzeug. Das Cockpit ist eine exakte Kopie des Originals, Projektoren zeigen die Erdoberfläche und eine Hydraulik sorgt für realistische Bewegungen. Selbst erfahrene Piloten nutzen Simulatoren, um neue Flugzeugtypen kennen zu lernen oder das Verhalten in Notfallsituationen zu üben. Es wäre zu gefährlich, einen Notfall in der Luft herbeizuführen.

In diesem Simulator trainieren die Piloten der japanischen Fluggesellschaft JAL.

Die Computer eines modernen Simulators entwickeln realistische Bilder und projizieren sie in den Dom.

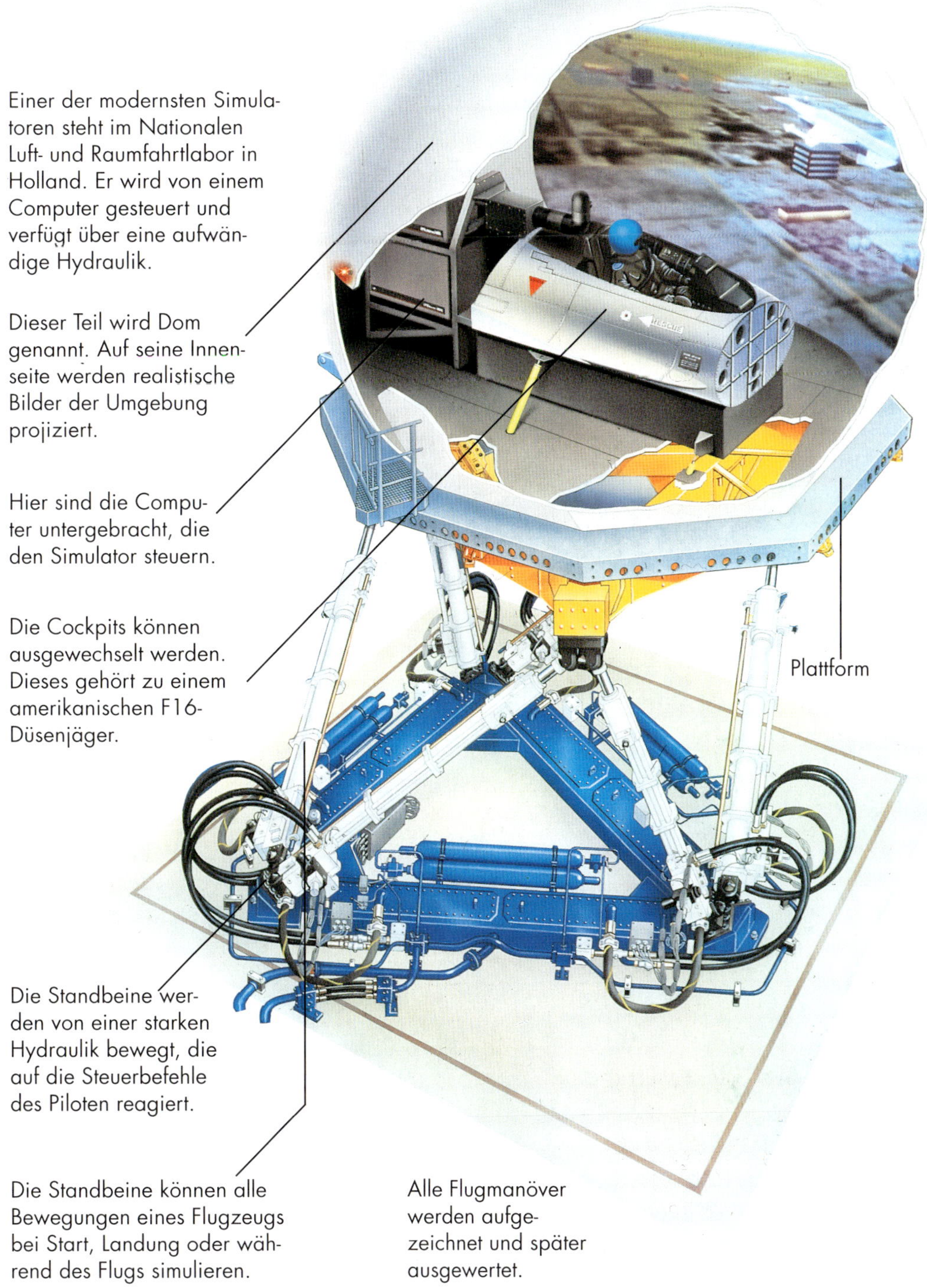

Luftakrobatik

Luftakrobaten in speziellen Kunstflugmaschinen beherrschen schwierige Flugmanöver. Selbst routinierte Piloten brauchen viel Zeit, um die Flugfiguren exakt einzustudieren.

Die robuste Pitts Special wird gern für Luftakrobatik eingesetzt. Der Schriftzug zeigt, dass sie häufig „Kopf steht“.

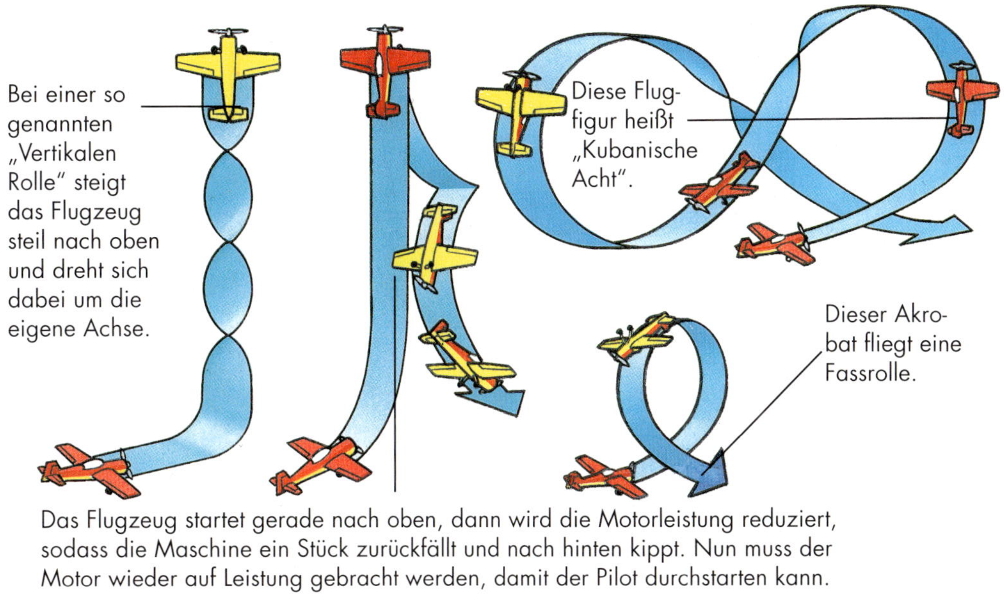

Aerodynamik und Treibstoffe

Aerodynamik ist die Lehre vom Strömungsverhalten. Es wird untersucht, wie Objekte sich durch Flüssigkeiten oder Gase bewegen und welchen Einflüssen und Kräften sie dabei ausgesetzt sind. Fliegt ein Flugzeug durch die Luft, erzeugen die Tragflächen Auftrieb und die Steuerflächen Lenkimpulse. Kantige oder hervorstehende Teile führen zu Luftwirbeln, die das Flugzeug bremsen und den Treibstoffverbrauch unnötig erhöhen.

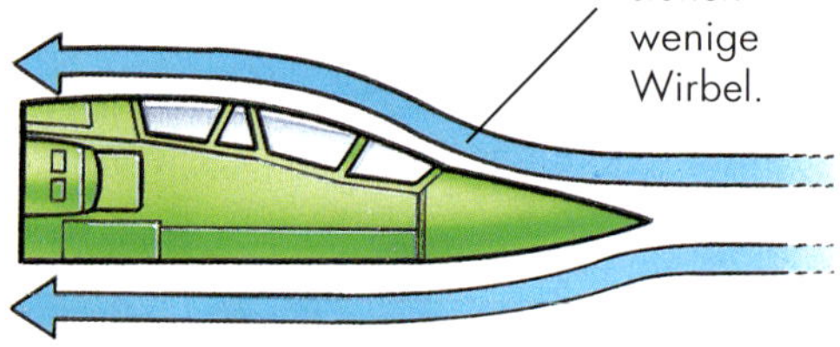

Concorde

Die Concorde war mit 2300 km/h Höchstgeschwindigkeit das schnellste Passagierflugzeug der Welt und mehr als doppelt so schnell wie normale Linienflugzeuge. Ihr Rumpf war sehr schlank und aerodynamisch geformt, die Düsentriebwerke entwickelten einen gewaltigen Schub.

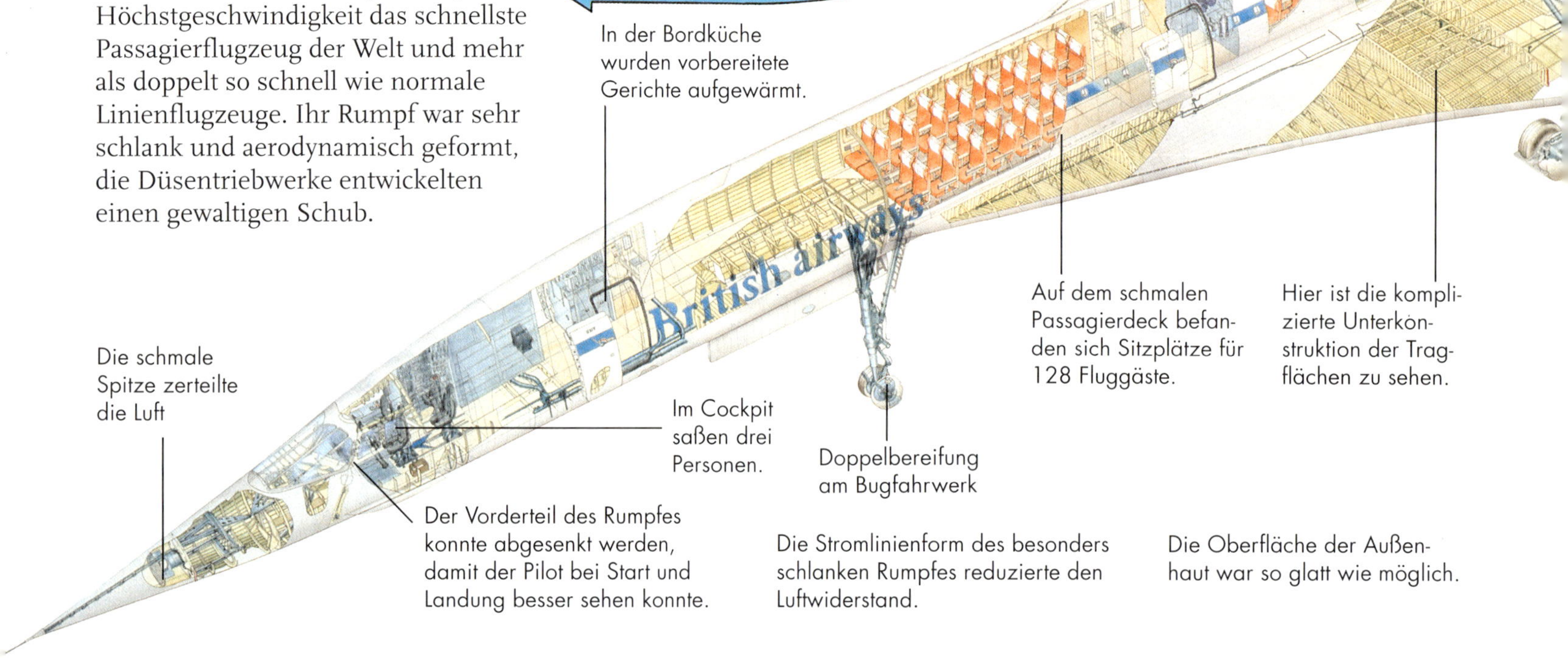

Stromlinienform

Frühe Flugzeuge waren mit ihren Streben und Verspannungen alles andere als strömungsgünstig. Doch man bemühte sich zunehmend, die Technik unter die Außenhaut zu verlegen oder sie wenigstens aerodynamisch zu verkleiden. Die Propeller wurden zum Beispiel mit spitzen Nasen ausgestattet und die großen Motoren, die früher frei im Wind standen, erhielten strömungsgünstige Abdeckungen. Sie sollten den Luftstrom beruhigen, dabei aber noch genügend Kühlluft an die Zylinder lassen.

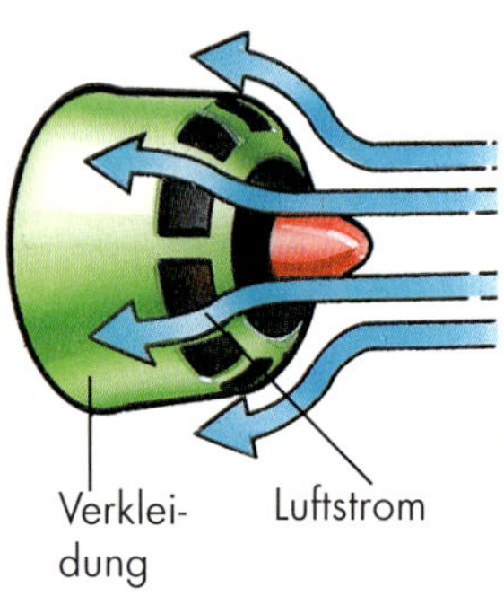

In den Zwanziger- und Dreißigerjahren des 20. Jahrhunderts ersetzten so genannte Eindecker mit nur einer Tragflächenebene die bis zu diesem Zeitpunkt bekannten Doppeldecker. Weitere aerodynamische Verfeinerungen führten zu einziehbaren Fahrgestellen und geschlossenen Cockpits mit strömungsgünstiger Verglasung.

Die englische Spitfire gehörte zu den ersten Jägern mit komplett einziehbarem Fahrwerk.

Mit dem Einsatz von Düsentriebwerken wurden die Flugzeuge zusehends schneller und aerodynamische Details gewannen immer mehr an Bedeutung. Die Außenhaut sollte so glatt und Flugzeugnasen sollten so spitz wie möglich sein. Außerdem begünstigte man die Aerodynamik durch nach hinten gepfeilte Flügel.

Die nach hinten abgewinkelten Pfeilflügel machen die Hawker Hunter bis zu 1100 km/h schnell.

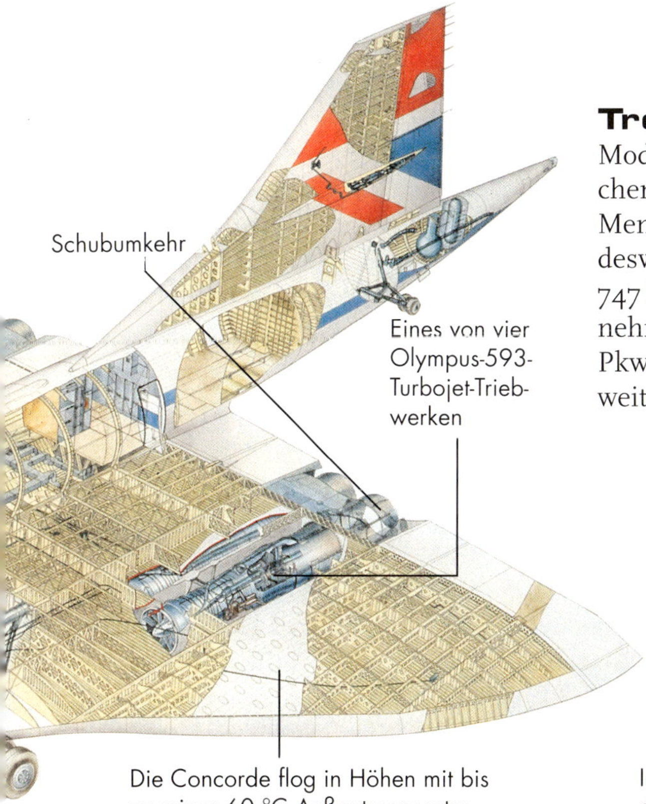

Treibstoffe

Moderne Düsenflugzeuge verbrauchen auf Langstreckenflügen große Mengen an Treibstoff und benötigen deswegen riesige Tanks. Eine Boeing 747 kann zum Beispiel 197 000 l aufnehmen – eine Menge, mit der ein Pkw etwa zwei Millionen Kilometer weit fahren könnte.

Die Gewichtsverteilung spielt während des Flugs eine große Rolle. Damit sich keine Veränderungen ergeben, wenn die Tanks geleert sind, haben moderne Flugzeuge ein Kontrollsystem, das entscheidet, aus welchem Tank wie lange Treibstoff entnommen wird.

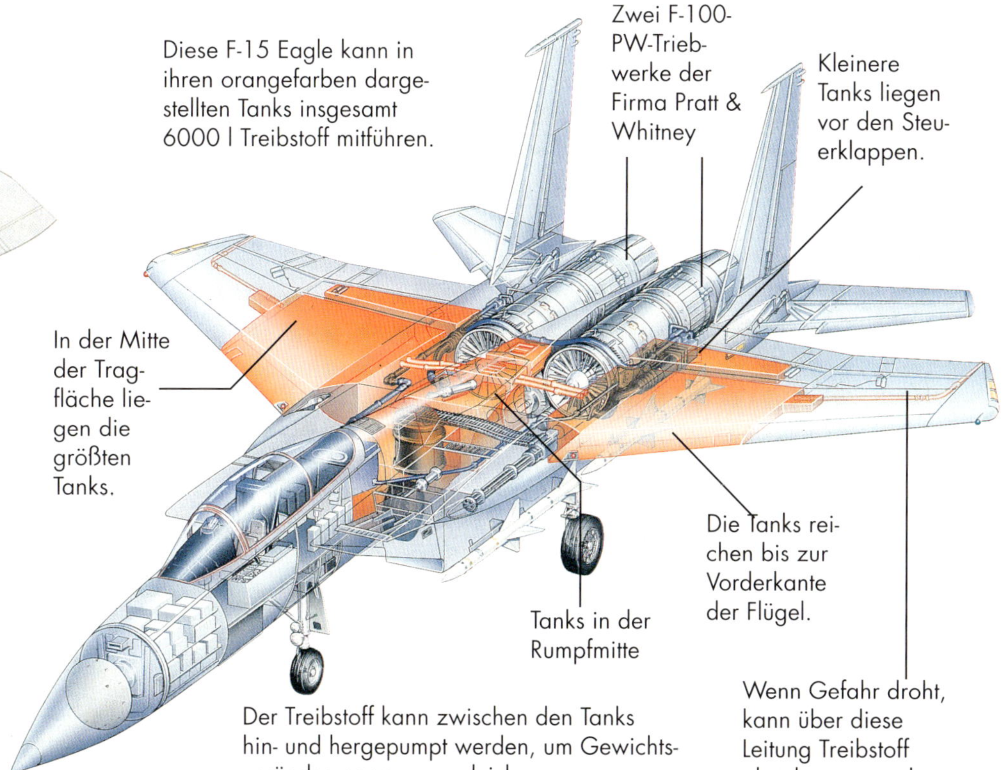

Windkanal

Mit der Erforschung der Aerodynamik wurden Flugzeuge immer schneller und leistungsfähiger – und auch komfortabler, sicherer und sparsamer. Die Luftströmung an Flugzeugen oder Autos lässt sich in Windkanälen untersuchen (siehe auch Seite 17). Schon früh in der Geschichte der Luftfahrt wurde in Windkanälen mit Modellen oder einzelnen Teilen von Flugzeugen experimentiert. Heute können hohe Strömungsgeschwindigkeiten erzeugt werden und Computer erfassen alle Untersuchungsergebnisse.

Ein Modell in einem Hochgeschwindigkeits-Windkanal

Luftbetankung

Normalerweise werden Flugzeuge auf dem Boden betankt. Tanklastzüge bringen den Treibstoff zur Maschine. Manche Militärflugzeuge können auf langen Strecken aber auch in der Luft Treibstoff aufnehmen. Dazu müssen sie sich einem Tankflugzeug nähern, das einen Schlauch mit spezieller Kupplung ausfährt und an einem Stutzen andockt. Dieses Manöver ist nicht ganz ungefährlich und erfordert große Flugerfahrung.

Dieser VC-10-Tanker kann über seine drei Schläuche bis zu 86 000 l Treibstoff abgeben.

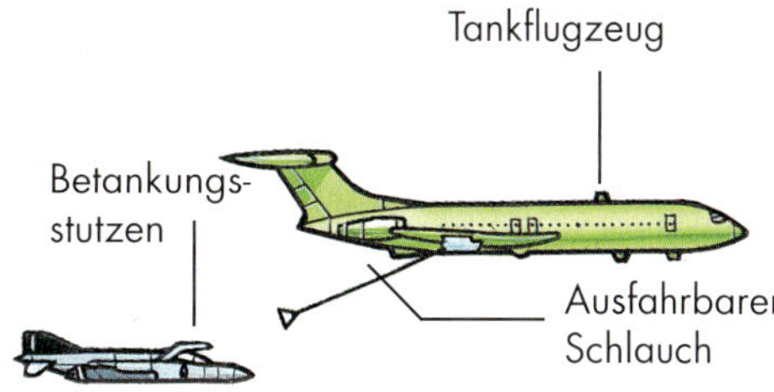

Das zu betankende Flugzeug klappt seinen Betankungsstutzen aus und verbindet ihn mit dem Tankschlauch.

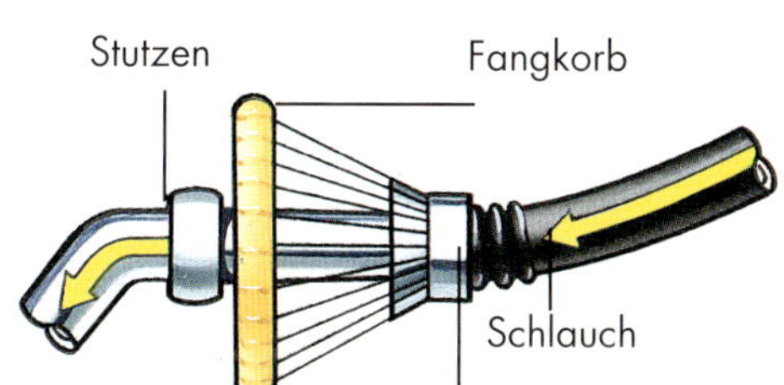

Ist die Kupplung des Schlauchs getroffen, fließt der Treibstoff mit hoher Geschwindigkeit in den Tank.

Start und Landung

Start und Landung sind die schwierigsten Phasen eines Flugs. Sie erfordern die volle Konzentration des Piloten, der die Maschine auf der möglichst langen Start- und Landebahn sicher beherrschen muss.

Der Start

Beim Start sind Flugzeuge voll betankt und daher besonders schwer. Die Triebwerke müssen eine hohe Schubleistung entwickeln, um das Flugzeug so schnell vorwärts zu schieben, dass die Auftriebskraft an den Flügeln das hohe Gewicht übersteigt.

Schwimmer und Ski

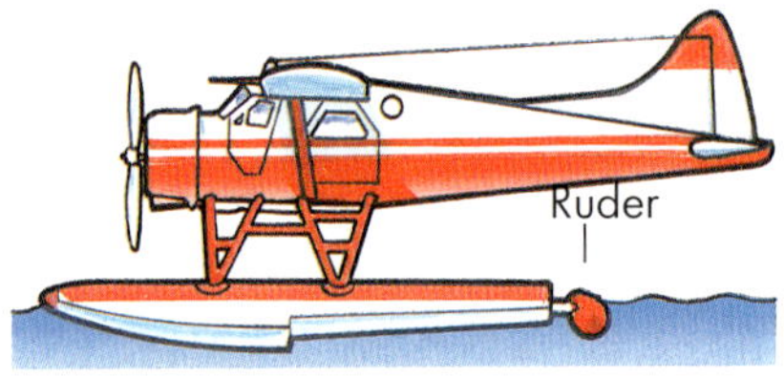

Diese kanadische DHC-2 Beaver kann dank ihrer Schwimmer sogar auf dem Wasser landen.

In manchen Fällen stehen keine befestigten Landebahnen zur Verfügung. Einige Flugzeugtypen sind jedoch mit Schwimmkörpern oder Skiern ausgerüstet und können dann auf Gewässern, ebenen Schnee- oder Sandfeldern landen. An den Schwimmern sind kleine Ruder befestigt, mit denen das Flugzeug nach der Landung durch das Wasser gelenkt wird.

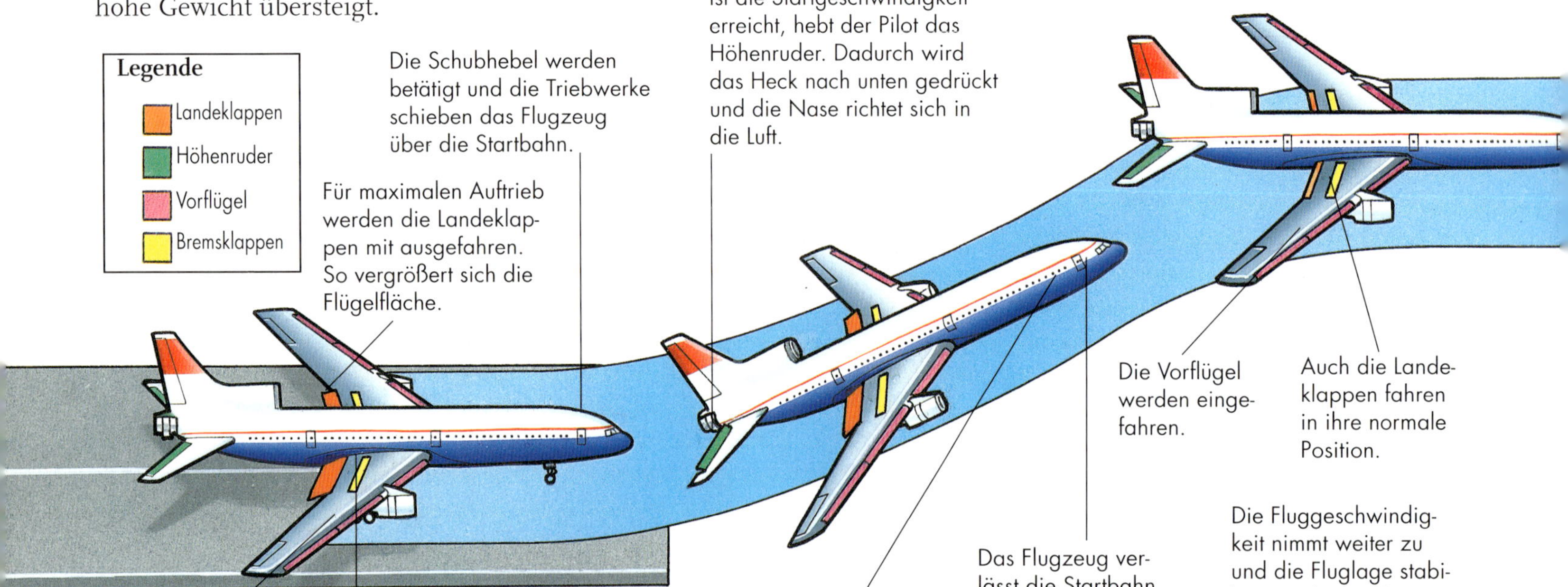

Die Vorflügel erhöhen den Auftrieb.

Die Störklappen liegen flach am Flügel an.

Luft, die über den Flügel streicht, erzeugt hohe Auftriebskräfte.

Das Fahrwerk wird eingezogen.

Das Flugzeug verlässt die Startbahn und steigt steil in den Himmel.

Die Fluggeschwindigkeit nimmt weiter zu und die Fluglage stabilisiert sich. Der Steigflug wird durch das Anheben der Landeklappen eingeleitet.

Das Fahrwerk

Nicht nur die Räder, sondern auch deren teilweise verdeckte Aufhängungen werden zum Fahrwerk gezählt. Bei der Landung sind alle Fahrwerksteile enorm hohen Belastungen ausgesetzt und müssen deswegen sehr robust konstruiert sein. Das Fahrwerk einer Boeing 747 kann das zweifache Flugzeuggewicht aufnehmen – bei voller Beladung wiegt das Flugzeug immerhin 360 000 kg!

Hier sieht man das Fahrwerk eines Falcon-900-Privatjets.

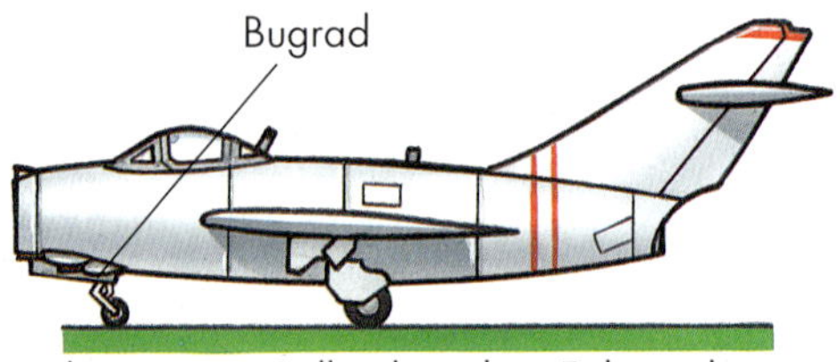

Einziehbare Fahrwerke gibt es seit den Dreißigerjahren. Sie verbessern die Strömungseigenschaften erheblich.

In den meisten Fällen bestehen Fahrwerke aus drei Radaufhängungen mit Einzel- oder Mehrfachbereifung.

Das Hauptfahrwerk unter den Tragflächen trägt den größten Teil der Last.

Ein kleineres Rad stützt den Bug oder das Heck.

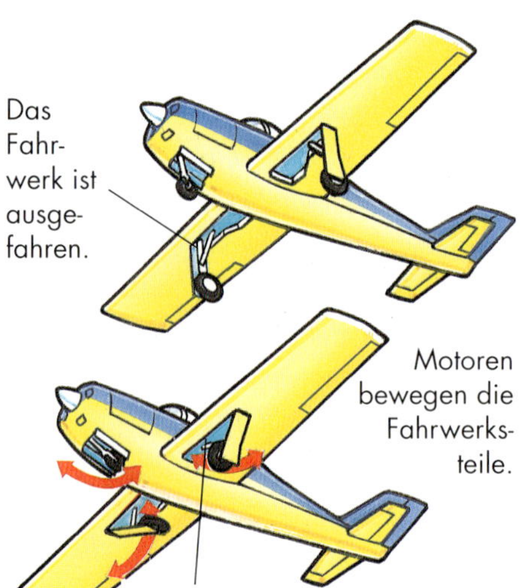

Das Hauptfahrwerk wird im Flügel verstaut.

Die Landung

Der Pilot überprüft seinen Anflugkurs, verlässt die Reisehöhe und leitet den Sinkflug ein. Kleine Steuermanöver mit Klappen und Triebwerksschub bringen das Flugzeug in die korrekte Fluglage. Etwa 5 oder 6 m über der Landebahn wird der Schub zurückgenommen und das Höhenruder bewegt – weich erfolgt nun die Landung.

Start und Landung auf einem Flugzeugträger

Auf Flugzeugträgern bringt ein starker Katapult die Flugzeuge auf ihre Startgeschwindigkeit. In nur zwei Sekunden werden sie auf 240 km/h beschleunigt.

Für die Landung wird auf der Bahn ein Bremsseil gespannt. Der Pilot muss einen Fanghaken am Flugzeugheck in das Seil einhängen, um seinen Jet so zu bremsen.

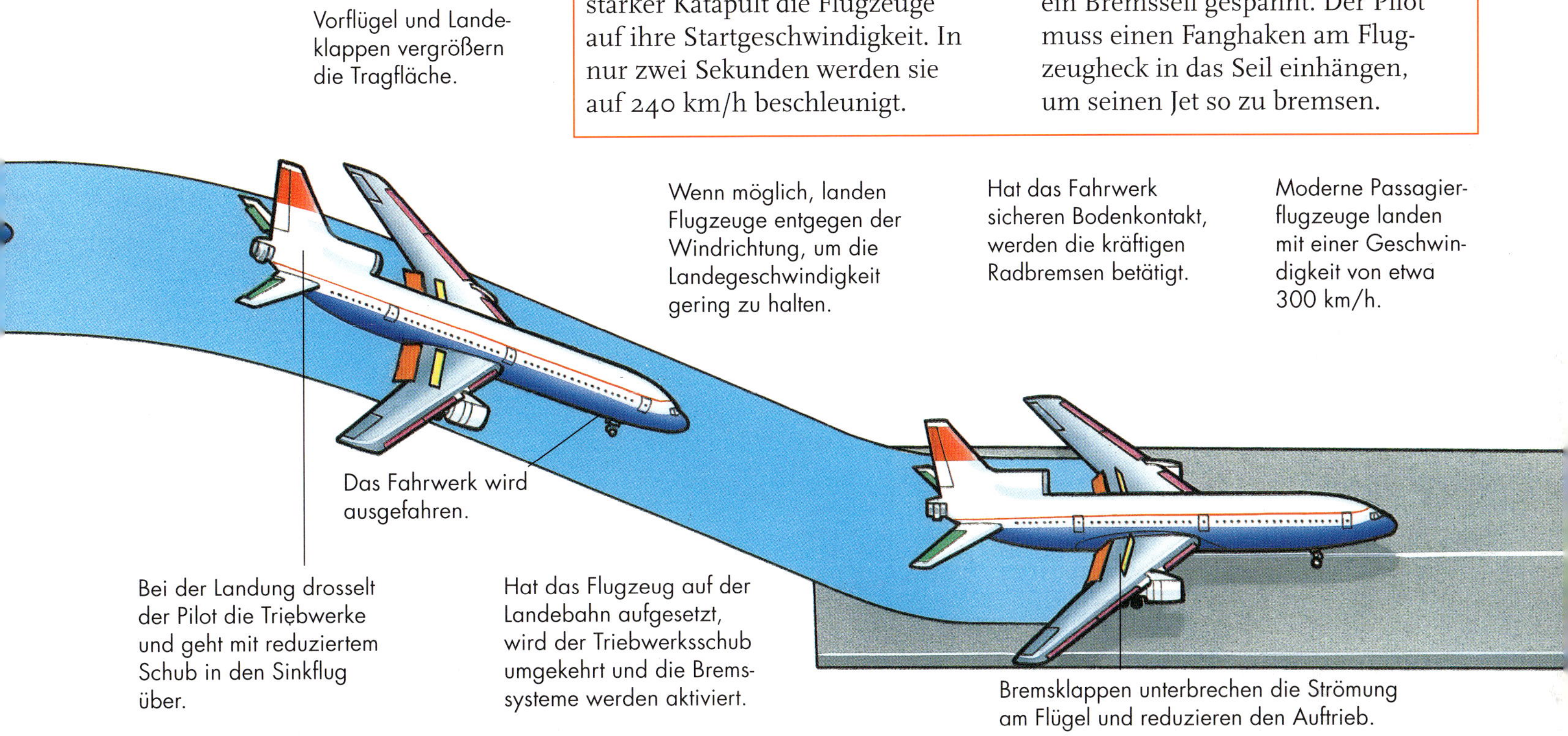

Bremsmanöver

Moderne Düsenflugzeuge landen mit sehr hohen Geschwindigkeiten und müssen auf einer relativ kurzen Strecke gestoppt werden. Diese Aufgabe können die Radbremsen nicht allein übernehmen. Luftbremsen oder Störklappen an Rumpf und Tragflächen unterbrechen die gleichmäßige Luftströmung und erzeugen bremsende Luftwirbel.

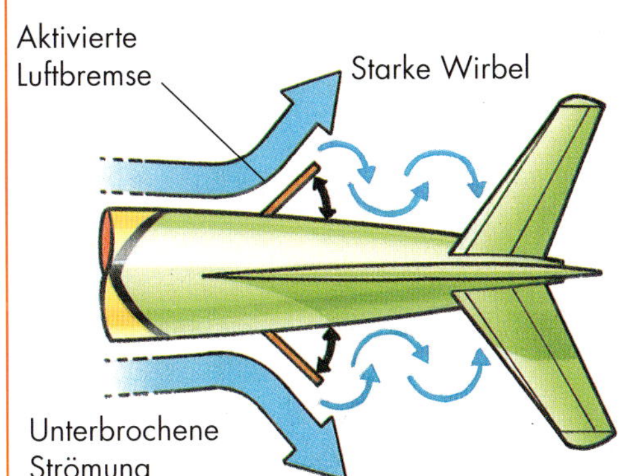

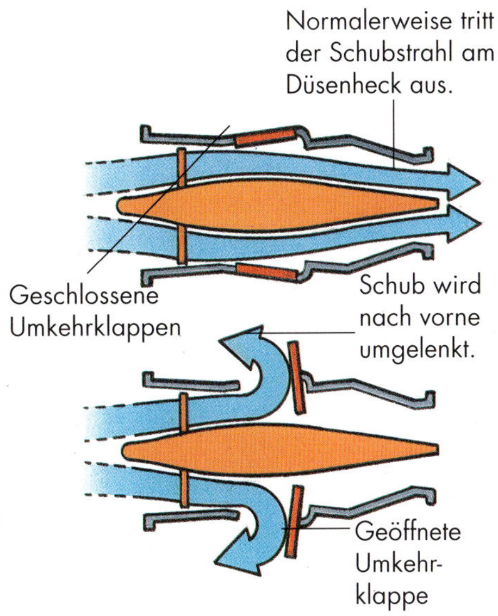

Mit Schubumkehrklappen wird der Triebwerksstrahl gegen die Fahrtrichtung gelenkt. Das Flugzeug wird vom Düsenschub also nicht mehr angetrieben, sondern abgebremst.

Als weitere Hilfen können auch Bremsfallschirme eingesetzt werden. Diese sind im Flugzeugheck untergebracht und entfalten sich in nur zwei Sekunden. Mit einem Fallschirm kann der Bremsweg von Jets um 25 Prozent verkürzt werden, auf nassen Landebahnen verringert er sich um 50 Prozent.

Dieser Tarnkappenjäger vom Typ F-117A nutzt seinen Bremsfallschirm.

Senkrechtstarter

Flugzeuge, die auf sehr kurzen Strecken oder sogar senkrecht starten und landen können, werden häufig mit der englischen Abkürzung VSTOL bezeichnet. Diese Maschinen brauchen keine Start- und Landebahn; ihnen genügt eine freie Fläche auf Kriegsschiffen. Um Treibstoff zu sparen, starten sie jedoch oft mit kurzem Anlauf.

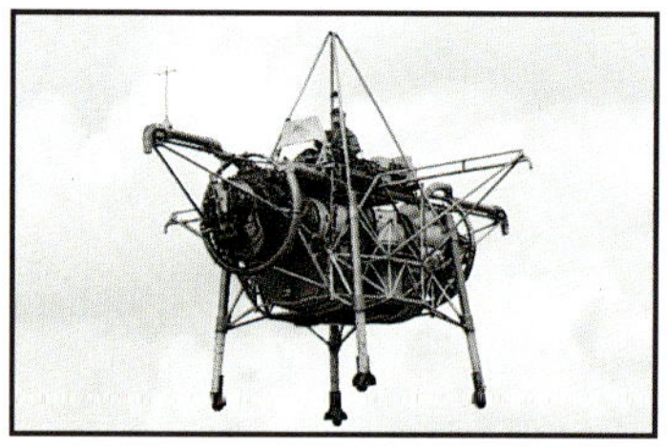

Das „Fliegende Bettgestell“ wurde bereits 1953 von Rolls-Royce gebaut, um VSTOL-geeignete Triebwerke zu testen.

BAe Sea Harrier Mk1

Ein weltbekanntes VSTOL-Flugzeug ist der Harrier. Er wurde von der Firma Hawker Siddeley entwickelt und fliegt bei den britischen, italienischen, indischen, spanischen und amerikanischen Streitkräften. Die Marineausführung heißt Sea Harrier. Der Harrier erreicht eine Höchstgeschwindigkeit von 1120 km/h.

Hier landet ein Sea Harrier senkrecht auf dem schmalen Deck eines Flugzeugträgers.

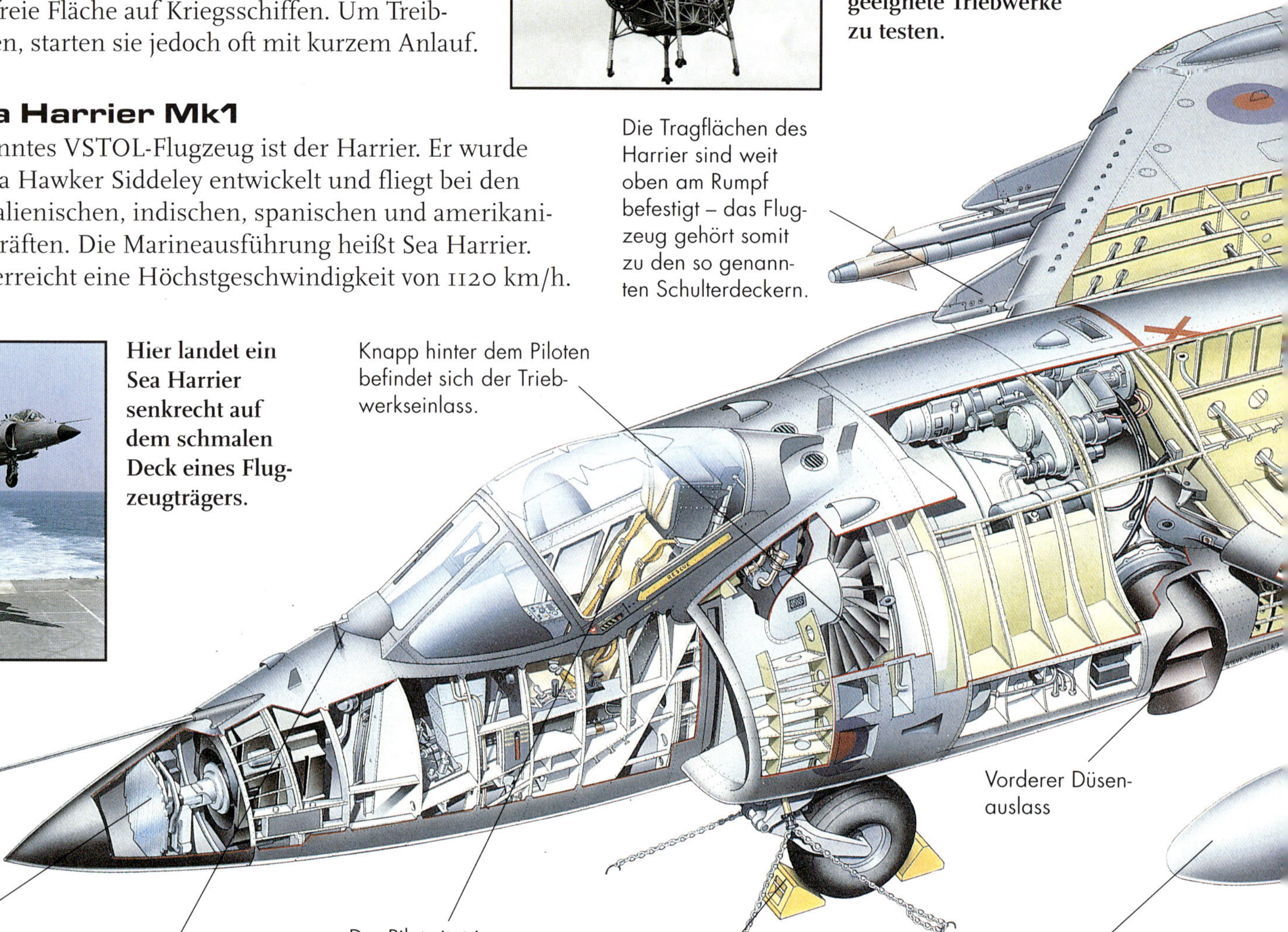

Pegasus

Der Harrier wird von nur einem einzigen Turbofan-Triebwerk, dem Rolls-Royce Pegasus, angetrieben. Die Schubleistung liegt bei 88 kN – genug für den kleinen und leichten Harrier.
Die Besonderheit des Pegasus sind seine vier lenkbaren Auslassöffnungen, die vom Cockpit aus gesteuert werden. Sie machen den Harrier zum Senkrechtstarter oder lassen ihn wie einen Hubschrauber in der Luft schweben.

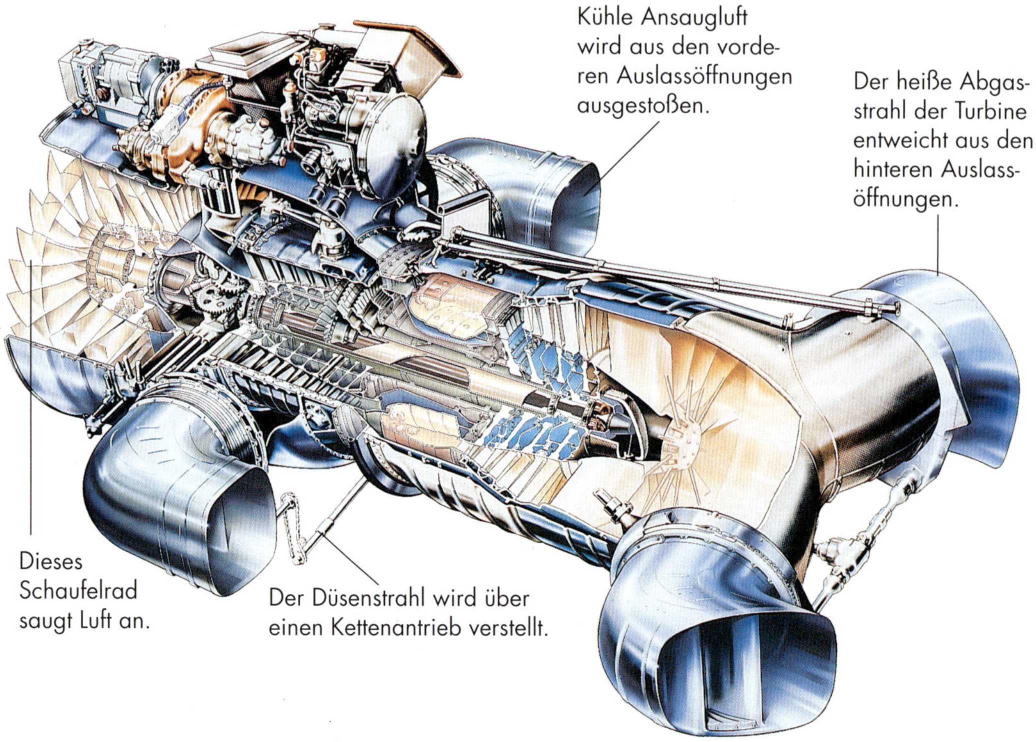

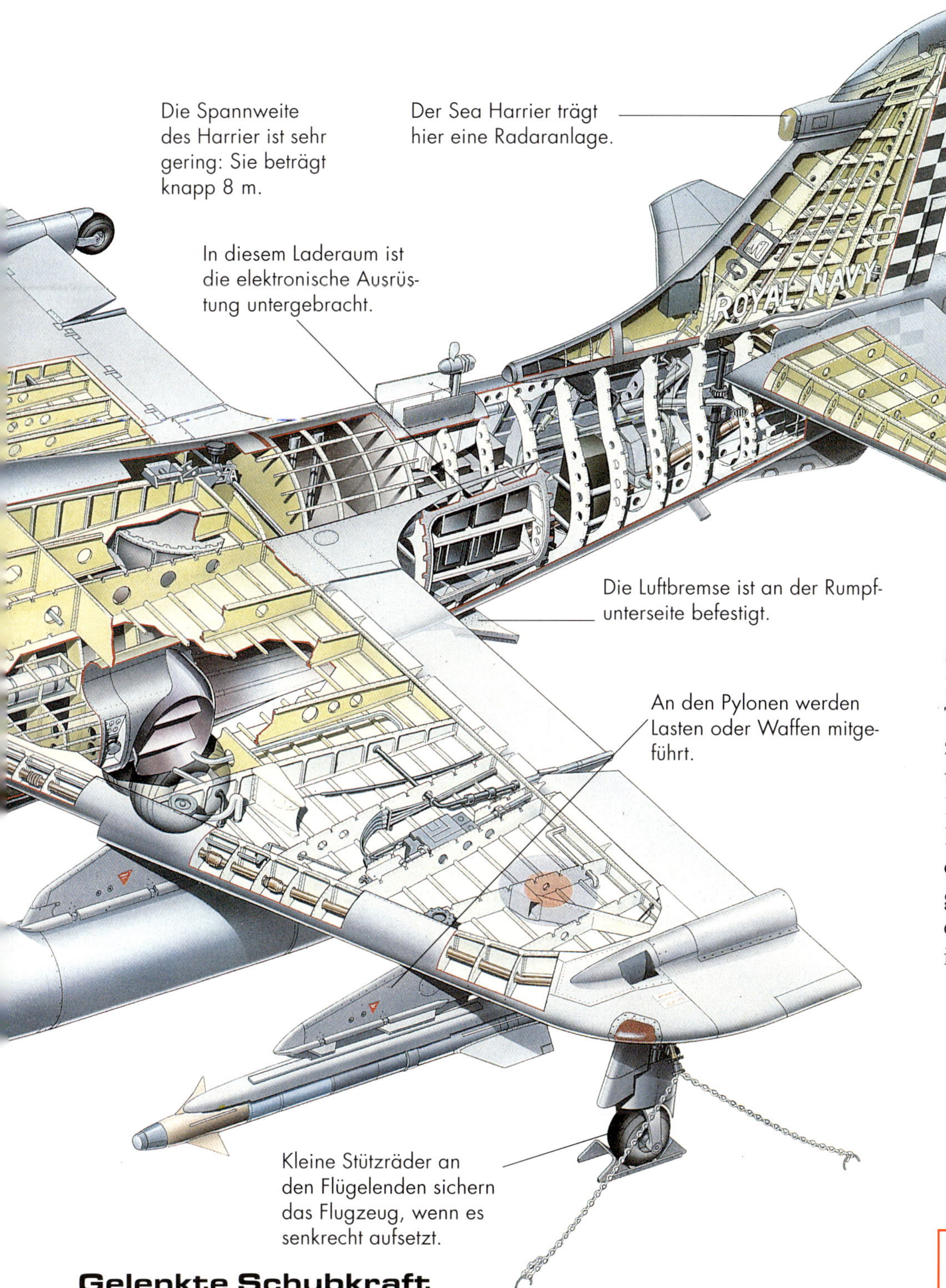

Stabilisierungsdüsen

Druckluft aus dem Verdichter des Triebwerks wird über Rohrleitungen zu kleinen Steuerdüsen an Rumpf und Tragflächen geführt, um den Sea Harrier noch besser zu stabilisieren. Bei einer senkrechten Landung oder einem langsamen Schwebeflug korrigieren kurze Pressluftstöße die Lage des Flugzeugs in der Luft.

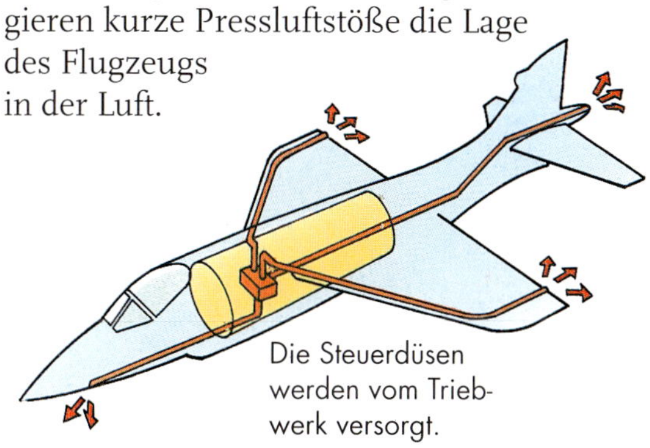

Die Steuerdüsen werden vom Triebwerk versorgt.

Gelenkte Schubkraft

Bei der Lenkung des Düsenschubs leiten verstellbare Auslassöffnungen den Strahl des Triebwerks. Liegt das Gewicht des Flugzeugs unter der Schubleistung des Triebwerks, wird das Flugzeug von einem auf den Boden gelenkten Düsenstrahl in die Luft gehoben – es startet in senkrechtem Steigflug.

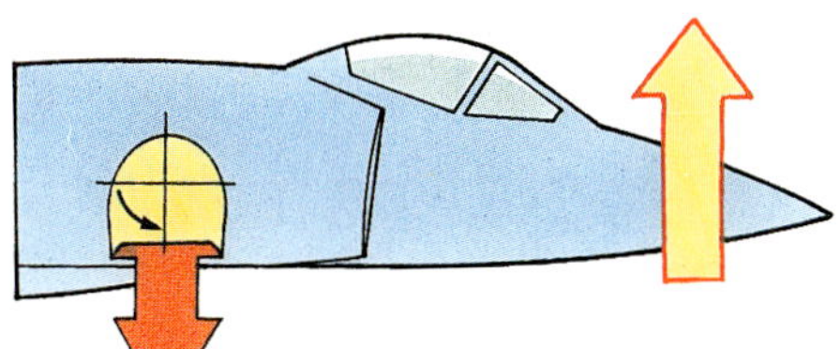

Wird der Düsenschub nach unten gerichtet, steigt das Flugzeug senkrecht nach oben.

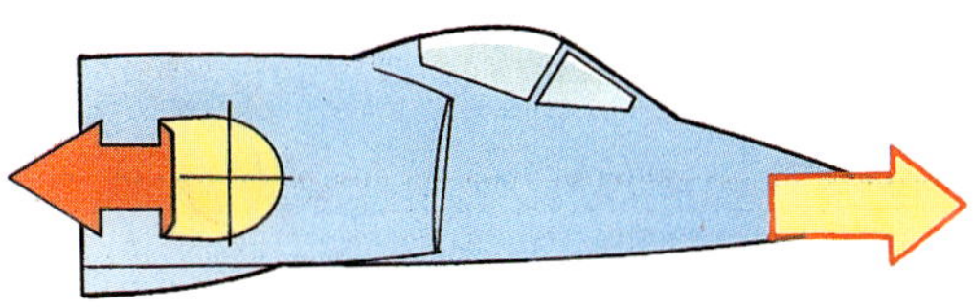

Ist der Düsenauslass nach hinten gerichtet, treibt der Triebwerksstrahl das Flugzeug nach vorne.

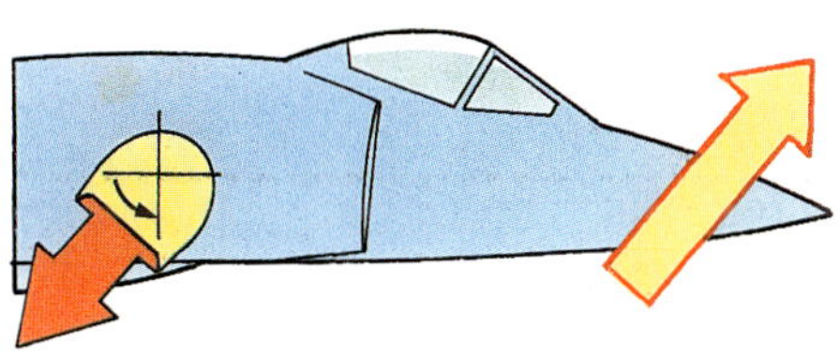

Ein diagonaler Triebwerksstrahl treibt das Flugzeug nach vorne und lässt es gleichzeitig steigen.

Vektorlenkung

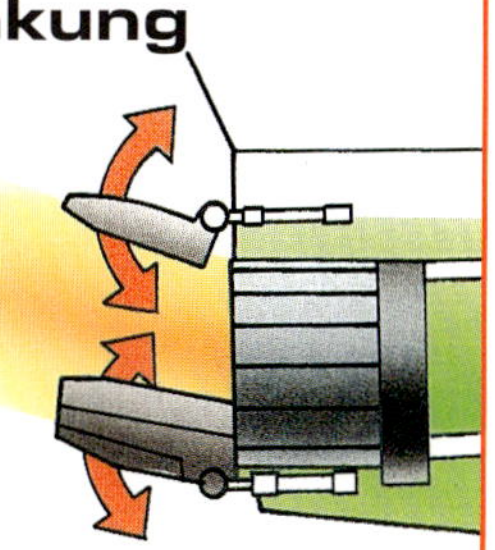

Schubvektorklappen lenken den Düsenstrahl.

Bei einigen Militärflugzeugen kann der Pilot während des Flugs die so genannte Schubvektorverstellung einsetzen. Dabei lenken hinter dem Triebwerksauslass montierte Klappen den Düsenstrahl, sodass Kurven noch enger geflogen werden können. In einem Luftkampf gelingen dem Piloten dann auch schnelle Ausweichmanöver.

Sicherheit

Frühe Flugzeuge boten wenig Sicherheit. Sie waren schwierig zu steuern und hatten kaum Sicherheitseinrichtungen oder Instrumente, die den Piloten in Problemfällen unterstützten. Heutige Flugzeuge dagegen sind mit modernen Sicherheitssystemen wie beispielsweise Radar ausgestattet, die Unfälle verhüten helfen.

Der Datenschreiber zeichnet Flugmanöver und den Betriebszustand der Technik auf.

Nach Unfällen wird der Datenschreiber geborgen und ausgewertet.

Passagierschutz

Bei Passagierflugzeugen spielt die Sicherheit eine große Rolle. Diese Flugzeuge bleiben in der Luft, auch wenn ein Triebwerk ausfällt, und können bei Notlandungen schnell verlassen werden.

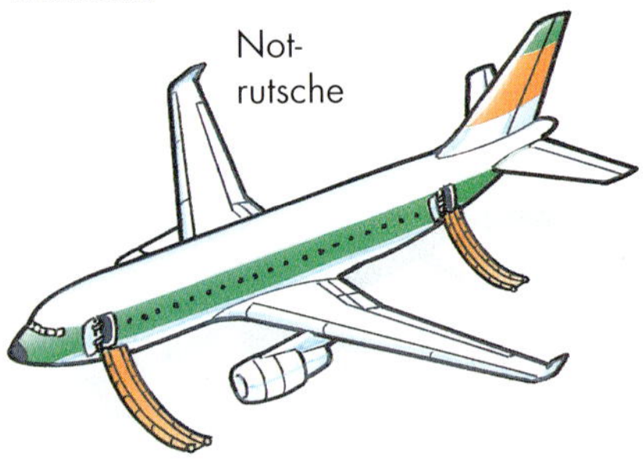

Bei Notlandungen gelangen die Fluggäste über Rutschen, die auf Knopfdruck der Besatzung mit Pressluft gefüllt werden, ins Freie.

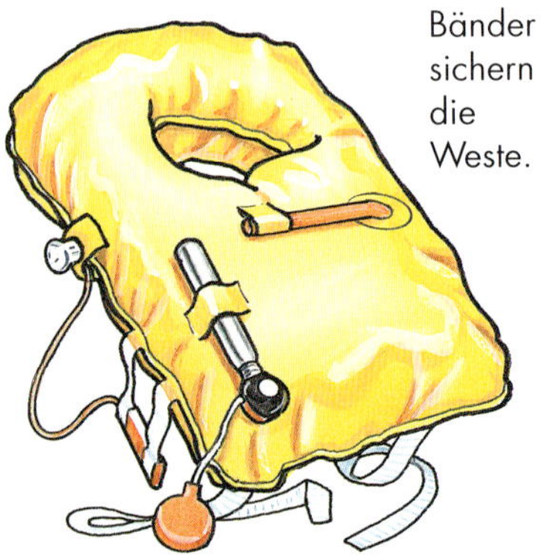

Unter jedem Sitz befindet sich eine Schwimmweste. Zieht man an einer Schnur, bläst sie sich automatisch auf.

Rettungsinseln bieten Schutz bei Notlandungen auf dem Wasser. Die im Bild gezeigte Insel kann bis zu neun Personen aufnehmen.

Schleudersitze

Düsenjets fliegen zu schnell, als dass die Besatzung ohne Hilfe und unverletzt aus dem Flugzeug springen könnte. Daher werden die Insassen von eingebauten Rettungssitzen in Sicherheit geschleudert.
Schleudersitze wurden 1940 eingeführt und haben seither schon mehr als 10 000 Leben gerettet.
Ein bekannter Hersteller von Schleudersitzen ist die englische Firma Martin Baker.
Der hier abgebildete Sitz vom Typ Mk 16 findet in modernen Kampfjets wie dem Eurofighter oder der französischen Dassault Rafale Verwendung. Er wiegt weniger als ein Mensch, kann seinen Passagier aber aus jeder Flughöhe retten. Normalerweise ist der Schleudervorgang nach nur einer Viertelsekunde beendet, nach drei Sekunden hat sich bereits der Fallschirm geöffnet.

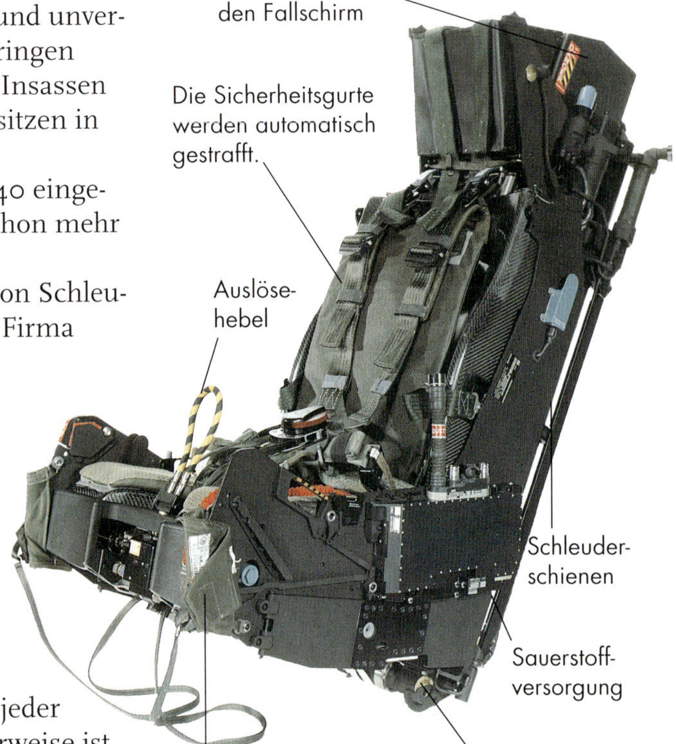

So funktionieren Schleudersitze

Ein Zug am Auslösehebel startet den computergesteuerten Rettungsprozess. Die Sitzgurte werden festgespannt und die Glaskanzel wird abgesprengt.

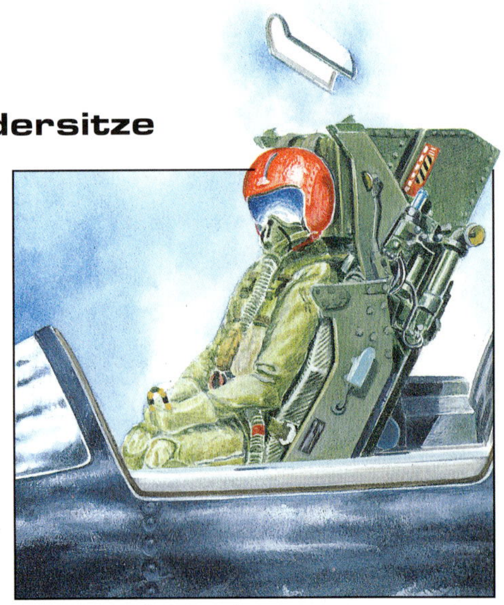

Dann wird der Pilot zusammen mit dem Sitz aus dem Flugzeug geschleudert. Funk und Sauerstoffversorgung werden getrennt und von Ersatzsystemen übernommen.

Pilotenschutz

Besatzungen von Militärjets brauchen ausgezeichnete Schutzsysteme, denn oft fliegen sie unter feindlichem Beschuss. Über dem Overall tragen sie beispielsweise eine mit Pressluft gefüllte Spezialkleidung. Diese verhindert Verletzungen, die bei schnellen Flugmanövern durch hohe Querbeschleunigung auftreten können. Im Falle eines Absturzes müssen Überlebende auch in verlassenen Gegenden einige Tage ausharren können. Ihre Ausrüstung umfasst deshalb Werkzeuge, ein aufblasbares Rettungsboot sowie Lebensmittel.

Fallschirme

Fallschirme verzögern den freien Fall eines Menschen durch die Luft. Sie bestehen aus großen, schwer entflammbaren Stoffbahnen, in denen sich die Luft fängt und staut. Die Landung ist nicht härter als ein Sprung aus etwa 3 m Höhe.

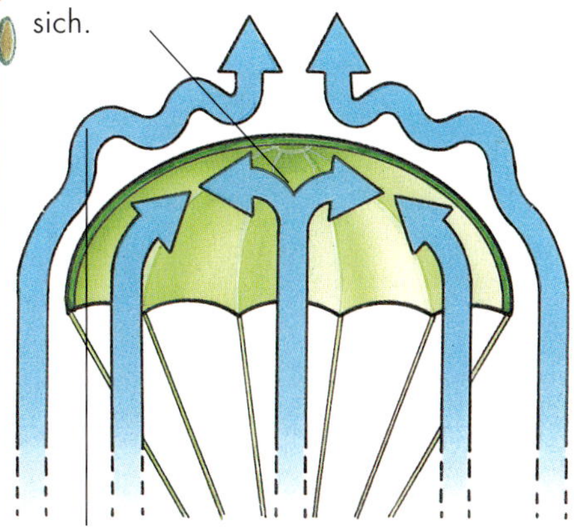

Fallschirme werden eng gepackt auf dem Rücken getragen oder in Schleudersitzen verstaut. Meistens gibt es noch einen kleineren Notfallschirm, der sich öffnet, falls der Hauptschirm versagt.
Man kann Fallschirme aber auch für andere Zwecke einsetzen. Sie bremsen schnelle Flugzeuge nach der Landung oder bringen Lasten wie Lebensmittelpakete sicher zu Erde. Menschen in Katastrophengebieten werden so aus der Luft versorgt.

Ist der Sitz frei, zündet eine Rakete und feuert den Sitz im Bruchteil einer Sekunde etwa 100 m in die Höhe. So kann der Pilot nicht durch Flugzeugteile verletzt werden.

Eine weitere Treibladung öffnet einen kleinen Fallschirm, der im Sitz verstaut ist. Dieser bremst den Fall des Piloten und zieht gleichzeitig den Hauptschirm heraus.

Wenn der Hauptfallschirm ganz geöffnet ist, löst sich der Sitz. Der Pilot schwebt nun frei durch die Luft und kann weich und sicher auf dem Erdboden landen.

Navigation

Früher suchten die Piloten oft nur mit Kompass und Landkarte ihr Ziel. Meistens mussten sie sich an der Landschaft orientieren, benötigten dafür aber gute Sichtverhältnisse. Heute wird die Navigation technischen Systemen überlassen. Radar und Bordcomputer überwachen den Kurs, alle wichtigen Daten erscheinen auf Anzeigegeräten im Cockpit.

Dies ist eine tragbare elektronische Landkarte vom Typ Magellan EG-10. In kleineren Sportflugzeugen ersetzt sie die Bildschirmanzeige eines Bordcomputers.

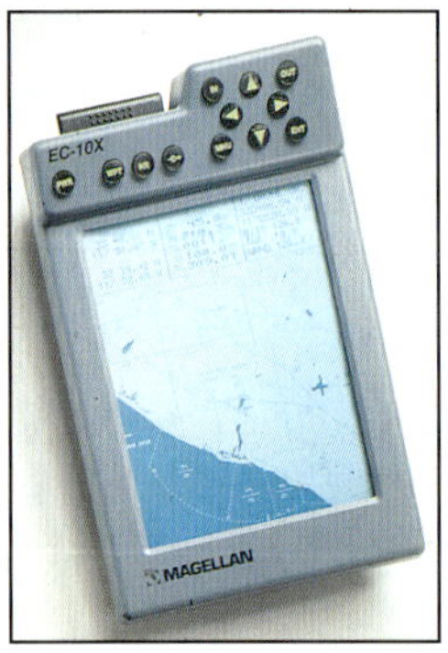

Kreiselkompass

Die Bewegungen eines Flugzeugs in der Luft werden von zwei wichtigen Geräten erfasst, dem Kreiselkompass und dem Beschleunigungsmesser. Der Kreiselkompass ist unabhängig vom Magnetfeld der Erde. Er besteht aus einer Scheibe, die sich sehr schnell auf einer Achse dreht, und aus einem Rahmen, in dem die Achse beweglich aufgehängt ist. Durch die Drehbewegung bleibt die Scheibe immer parallel zum Erdboden, während sich die Lage des Rahmens mit den Bewegungen des Flugzeugs verändert. Diese Veränderung wird gemessen und auf einem Instrument, dem künstlichen Horizont (siehe Seite 38), angezeigt.

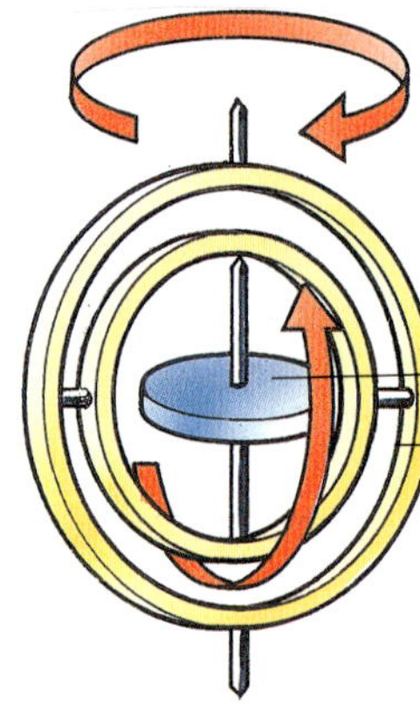

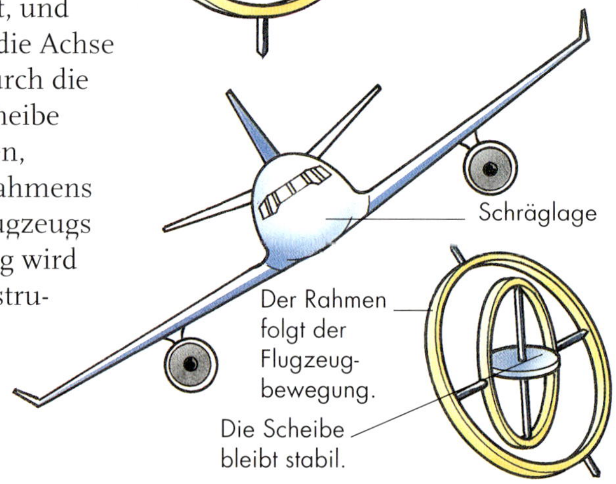

Radar

Mithilfe von Radarstrahlen können Flugzeuge auch ohne Sicht durch geschlossene Wolkendecken fliegen. Ein Sendegerät schickt kurze Radarimpulse aus, die von Objekten reflektiert und von einem Empfänger wieder aufgefangen werden. Anhand der Zeit, die zwischen Senden und Empfangen vergangen ist, kann die Entfernung des Objekts berechnet werden.

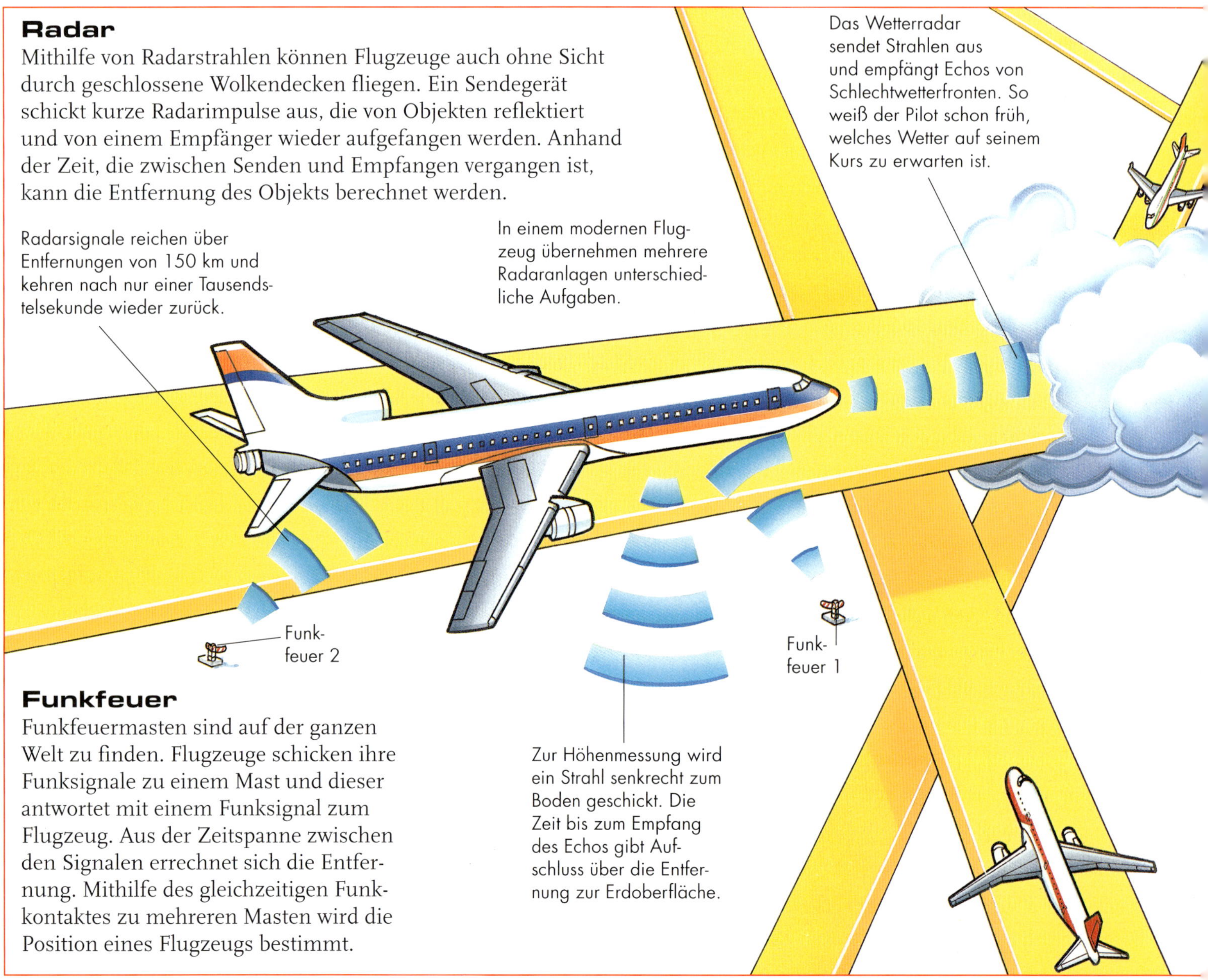

Funkfeuer

Funkfeuermasten sind auf der ganzen Welt zu finden. Flugzeuge schicken ihre Funksignale zu einem Mast und dieser antwortet mit einem Funksignal zum Flugzeug. Aus der Zeitspanne zwischen den Signalen errechnet sich die Entfernung. Mithilfe des gleichzeitigen Funkkontaktes zu mehreren Masten wird die Position eines Flugzeugs bestimmt.

Beschleunigungsmesser

Bei einem Beschleunigungsmesser handelt es sich um ein elektronisches Gerät, das dem Kreiselkompass ähnelt. Ein Teil des Beschleunigsmessers ist mit dem Flugzeug verbunden, ein anderes beweglich aufgehängt. Zwischen beiden Teilen werden elektromagnetische Felder erzeugt, mit deren Hilfe man Bewegungen erkennen und messen kann.

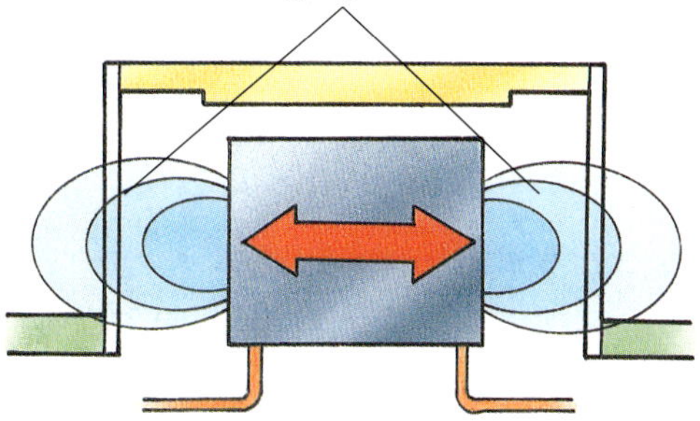

Autopilot

Fast alle Flugzeuge besitzen heutzutage einen Autopiloten. Dieser hält einen zuvor eingestellten Kurs, ohne dass der Pilot ständig den Steuerknüppel halten muss. Mittels Kreiselkompass und Beschleunigungsmesser werden die Bewegungen des Flugzeugs überwacht. Ergibt sich eine Abweichung vom Kurs, startet ein Computer kleine elektrische Stellmotoren, welche die Bedienungselemente des Flugzeugs bewegen und den Kurs korrigieren. Ist der Autopilot ausgeschaltet, überwacht er alle Flugmanöver und warnt vor Gefahren. Autopiloten sind zwar ausgesprochen zuverlässig, können die Erfahrung eines Piloten, zum Beispiel bei Unwettern, aber dennoch nicht voll ersetzen.

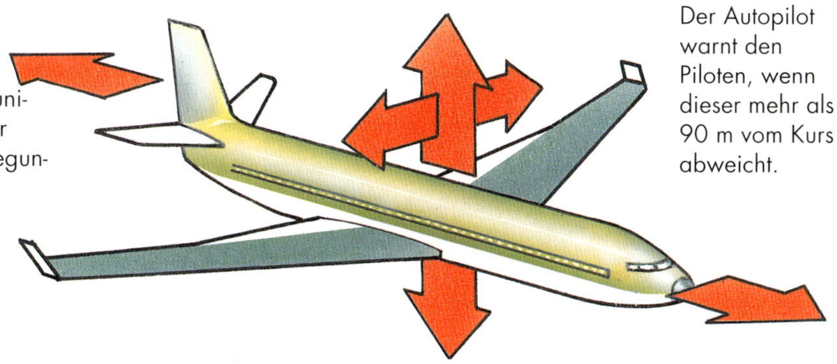

Luftkorridore

Die steigende Zahl von Flugzeugen im Luftraum und die zunehmende Zahl von Beinahe-Zusammenstößen machten Regelungen notwendig. Ein System von Luftkorridoren sichert heute den Luftverkehr. Wie auf breiten Autobahnen folgen die Flugzeuge dem zugewiesenen Korridor, ohne eine Kollision befürchten zu müssen.

Warteschleifen

Wenn sich ein Flugzeug einem überfüllten Ankunftsflughafen nähert, wird es von den Fluglotsen oft in einen Warteraum dirigiert. Dort muss es in einer vorgegebenen Höhe so lange kreisen, bis alle anderen Flugzeuge aus darunter liegenden Schleifen den Warteraum verlassen haben. Erst dann geben die Lotsen das Okay für den Anflug zur Landung auf dem Rollfeld.

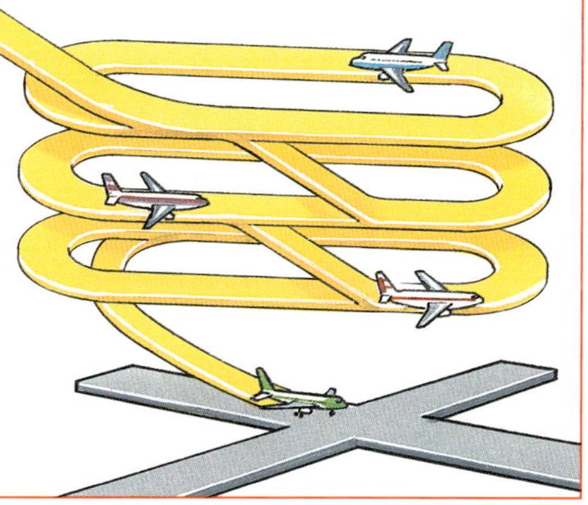

Luftraumüberwachung

Während des Flugs müssen Piloten die Luftverkehrsregeln unbedingt beachten. Fluglotsen begleiten Flüge vom Boden aus und weisen den Piloten über Sprechfunk Flugkurs und/oder -höhe zu.

Zwei Radarsysteme erfassen den Flugverkehr in einem Sektor. Das eine bildet sämtliche Flugbewegungen auf einem Bildschirm ab, das andere empfängt Signale, die von allen Flugzeugen automatisch abgegeben werden und über deren Identität, die aktuelle Flughöhe und den geplanten Kurs Auskunft geben.

Die Arbeit von Fluglotsen verlangt hohe Aufmerksamkeit.

Die Zukunft

In nur einem Jahrhundert ist aus dem Traum vom Fliegen Alltagsnormalität geworden. Wie man in weiteren einhundert Jahren reisen wird, kann niemand sagen, doch schon der Ausblick auf die nahe Zukunft ist hochinteressant.

Giganten am Himmel

Auch in Zukunft wird man sich darum bemühen, Verkehrsflugzeuge leiser, wirtschaftlicher und damit umweltschonender zu bauen.
Die Passagierzahlen steigen jährlich und immer öfter sind Flughäfen hoffnungslos überlastet. Eine Lösung könnte im Bau von größeren Maschinen bestehen. Rechts werden drei Vorschläge für neue Rumpfgestaltungen aufgezeigt.

Ein runder Rumpf mit zwei Sitzebenen

Rumpf in Form eines Kleeblattes

Dieser besonders breite Rumpf wird aus zwei normalen Rümpfen zusammengefügt.

Airbus A-380

Der Airbus A-380 ist das größte Passagierflugzeug der Welt. Sein durchgehend zweistöckiger Rumpf bietet Platz für bis zu 853 Fluggäste und kann bei Bedarf mit Bar oder Fitness-Center ausgestattet werden. Der Erstflug des A-380 fand im April 2005 statt. Für Ende 2006 ist die Auslieferung erster Maschinen an die Fluggesellschaften geplant.

Computerdarstellung des A-380

Raketentriebwerke

Raketenantriebe werden hauptsächlich in der Raumfahrt verwendet, manchmal kommen sie aber auch in Flugzeugen zum Einsatz. Hier wird Schub durch eine kontrollierte Explosion erzeugt, die durch eine Reaktion von Wasserstoff mit Sauerstoff in einer Brennkammer herbeigeführt wird.

Die Bell X-15 ist mit 7300 km/h Höchstgeschwindigkeit das schnellste Flugzeug aller Zeiten.

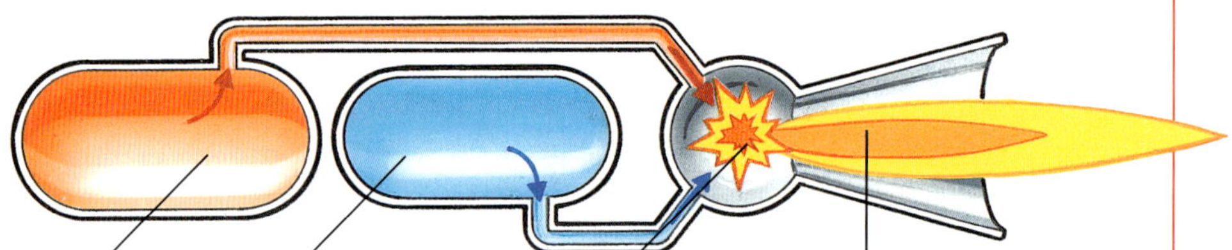

Raumflugzeuge

In der Zukunft wird es möglicherweise Flugzeuge geben, die von Düsen und Raketen angetrieben werden. Einen großen Teil der Reise würden sie im Weltraum zurücklegen, wo man extrem schnell fliegen kann. Die Flugzeit zum anderen Ende der Erde könnte dann nur noch zwei oder drei Stunden betragen.

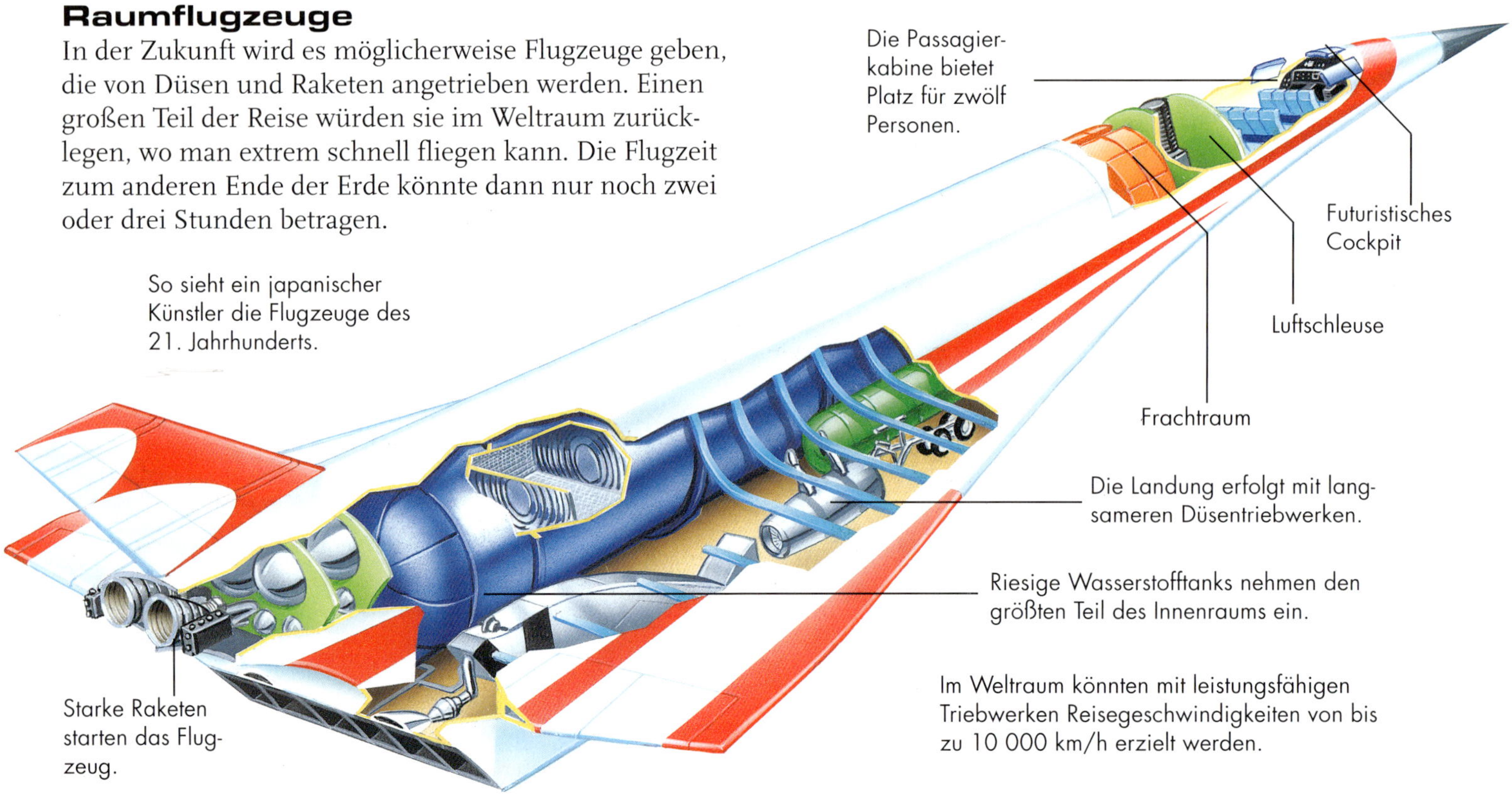

So sieht ein japanischer Künstler die Flugzeuge des 21. Jahrhunderts.

Im Weltraum könnten mit leistungsfähigen Triebwerken Reisegeschwindigkeiten von bis zu 10 000 km/h erzielt werden.

Ferngesteuert

Computer und Elektronik werden sich schnell weiterentwickeln und immer mehr Bedienungselemente übernehmen. In Zukunft könnten vom Boden aus ferngesteuerte Flugzeuge ohne Pilot Passagiere oder Fracht befördern.

So könnte ein ferngesteuertes Flugzeug der Zukunft aussehen.

Raumtransporter

Viele Unternehmen arbeiten an einem Nachfolger für den bekannten Raumtransporter Spaceshuttle. Ein Entwurf der amerikanischen Firma Lockheed besitzt keine Tragflächen, sondern soll mit seinem gesamten Rumpf Auftrieb erzeugen.

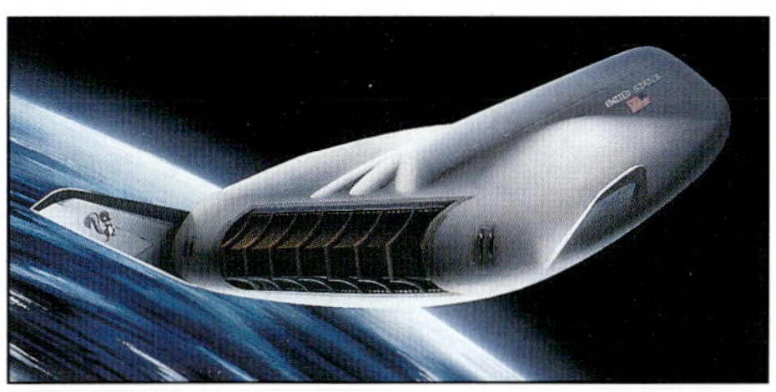

Dieser Raumfrachter ist nur 33 m lang, könnte aber bis zu 500 t Treibstoff tragen.

Verkürzte Starts

Flugzeugkonstrukteure entwickeln Militärjets mit verbesserten Start- und Landeeigenschaften. Die dafür notwendigen technischen Systeme werden auch für kleinere Zivilflugzeuge erprobt.

Der Leichtbaujäger der Lockheed Corporation verfügt über neuartige VSTOL-Systeme.

Fachbegriffe

Aerodynamik Die Lehre des Strömungsverhaltens von Gasen und Flüssigkeiten. Im Flugzeugbau spielt Aerodynamik eine wichtige Rolle.

Brennkammmer Der Teil eines Triebwerkes, in dem der Treibstoff entzündet wird

Doppeldecker Ein Flugzeug mit zwei Tragflächenebenen

Dreidecker Ein Flugzeug mit drei Tragflächenebenen

Duraluminium Belastbare Legierung aus Kupfer und Aluminium

Eindecker Ein Flugzeug mit einer einzigen Tragflächenebene

Flugkräfte Vier Kräfte, die auf Flugobjekte in der Luft einwirken: Luftwiderstand, Schubkraft, Auftriebskraft und Schwerkraft

Fuel Management System Einrichtung, die den Flugzeugtanks Benzinmengen zuweist und so die Gewichtsverteilung konstant hält

HOTAS Ein System, bei dem alle wichtigen Bedienungseinrichtungen eines Flugzeugs auf einem Multifunktions-Steuerknüppel zusammengefasst sind

Hydraulik Kräfte werden über Flüssigkeiten und Rohrleitungen übertragen.

INS Navigationssystem, bei dem sämtliche Bewegungen eines Flugzeuges aufgenommen und von einem Computer zur Positionsangabe verarbeitet werden.

Legierungen Metall, das bei der Verarbeitung mit anderen Metallen oder Substanzen gemischt wird. Leichte Legierungen wie Aluminium sind für den Flugzeugbau sehr wichtig.

Luftdruck Kraft, mit der Luft auf ein Objekt einwirkt. Der Luftdruck kann durch das Zusammenpressen von Luft erhöht werden.

Mach Mach ist eine Maßeinheit für Geschwindigkeit. Die Ausbreitungsgeschwindigkeit des Schalls beträgt ein Mach.

Magnetfeld Die Umgebung eines Magneten, in der Anziehung oder Abstoßung wirksam wird

Reibung Widerstand, den aneinander gleitende Oberflächen erzeugen

Reichweite Die maximale Strecke, die ein Flugzeug ohne Zwischenlandung zurücklegen kann

Schwerkraft Die Kraft, mit der die Erde Gegenstände anzieht

Steuerflächen Bewegliche Teile an Tragflächen, Leitwerken und Flugzeugrümpfen, die Flugrichtung und -lage beeinflussen

Stromlinie Eine Formgebung, die den Gesetzen der Aerodynamik so weit wie möglich entspricht. Je stromlinienförmiger ein Körper ist, desto leichter kann er sich in Luft oder Wasser fortbewegen.

Strömungsabriss Die Unterbrechung der Auftriebskraft durch langsames Fliegen oder zu steiles Aufsteigen des Flugzeugs

Tragfläche Eine Fläche, die durch ihre Formgebung Auftrieb erzeugt, wenn Luft oder Gas vorbeiströmt

Turbine Schaufelräder in einem Turbinentriebwerk

Überdruck Der Luftdruck des Flugzeuginnenraums wird künstlich über dem Druck der Umgebungsluft gehalten. So können die Insassen normal atmen.

Verdichter Der Teil eines Triebwerks, in dem angesaugte Luft zusammengepresst wird, bevor sie in der Brennkammer mit Treibstoff gemischt und entzündet wird

Zünden Etwas durch einen Funken in Brand setzen

Meilensteine der Luftfahrt

1783 Die französischen Brüder Joseph und Étienne Montgolfier entwickeln den **Heißluftballon.**

1804 Der englische Wissenschaftler Sir George Cayley baut das Modell eines Gleiters, das heute als das **erste Flugzeug der Welt** gilt.

1852 Henri Giffard fliegt über Paris, seiner Heimatstadt, den **ersten von Menschenhand gesteuerten Flug der Welt.**

1853 Sir George Cayley baut einen **Gleiter** und unternimmt den ersten Flug mit einem bemannten Gleitflugzeug.

1890 Clément Ader, ein französischer Designer, flog als erster Mensch in einer **Maschine mit eigenem Antrieb.**

90er-Jahre des 19. Jhs. Otto Lilienthal unternimmt **mehr als 2000 Gleitflüge.**

1900 Der deutsche Erfinder Ferdinand Graf von Zeppelin baut das **erste steuerbare Luftschiff.**

1903 Orwil und Wilbur Wright unternehmen den **ersten Motorflug der Geschichte.** Mit dem Start ihres Flyer beginnt die Epoche der modernen Luftfahrt.

1905 Die Gebrüder Wright fliegen zum ersten Mal ihren Flyer III. Sie legen 39 km zurück und bleiben eine halbe Stunde in der Luft. Es handelt sich hier um das **erste manövrierbare Flugzeug.**

1909 Dem Franzosen Louis Blériot gelingt der **erste Flug über den Ärmelkanal.** Er konstruierte, baute und flog sein Flugzeug allein.

1910 Der Franzose Henri Fabre baut die Hydravion, das **erste Wasserflugzeug der Welt.**

1913 Igor Sikorsky, ein russischer Ingenieur, baut und steuert das **erste Flugzeug mit vier Motoren.**

1913 Adolphe Pégoud gelingt als **erstem Piloten ein Looping,** wie er heute bei jeder Luftfahrtschau geflogen wird.

1919 Als erster Mensch überfliegt der US-amerikanische Leutnant Read den **Atlantik.** Mit seinem Wasserflugzeug, der N-C-4, legt er die Strecke zwischen New York in den USA und Plymouth in England zurück.

1919 John Alcock und Arthur Brown gelingt der **erste Flug über den Atlantik ohne Zwischenstopp.** Mit ihrem Doppeldecker fliegen sie 3500 km von Neufundland nach Irland.

1919 Die **ersten Linienflüge zwischen London und Paris** werden aufgenommen – in alten Militärmaschinen.

1919 G. Scott fliegt erstmals mit seiner R-34 **von Schottland nach New York und zurück.**

1923 Der Spanier Juan de la Cierva fliegt seinen Autogyro in Madrid. Er gilt wegen der schraubenförmigen Bewegung des Propellers als **Vorläufer des Hubschraubers.**

1926 Zum **ersten Mal überfliegt ein Mensch den Nordpol.** In der Fokker sitzen Richard Byrd und Floud Bennet.

1927 Charles Lindbergh überfliegt als **erster Mensch allein den Atlantik** von West nach Ost. Der Flug von New York nach Paris dauert 33 Stunden und 30 Minuten.

1928 Der australische Pilot Sir Charles Kingford Smith und seine Crew schaffen den **ersten Flug über den Pazifik.** Ihre Fokker trägt den Namen „Southern Cross".

1932 Amelia Erhart schreibt mit ihrem **Flug über den Atlantik** Luftfahrtgeschichte.

1933 Der Amerikaner Wiley Post fliegt als erster Mensch **einmal um die Erde.**

1933 Die Boeing 247 wird gebaut. Die stromlinenförmige Maschine besteht aus Aluminium. Sie ist das erste Flugzeug einer **neuen Generation von US-Verkehrsflugzeugen.**

1936 Die Focke-Achgelis (die FA-61), der **erste Helikopter,** fliegt zum ersten Mal.

1939 Der deutsche Ernst Heinkel konstruiert mit der He 178 das **erste Düsenflugzeug der Welt.**

1939 Dem Russen Igor Sikorsky gelingt der erste Flug eines **Hubschraubers mit nur einem Rotor.**

1944 Das **erste Düsenflugzeug der Welt,** die Me 262, wird geflogen. Es erreicht eine Geschwindigkeit von mehr als 800 km/h.

1947 Ein neuer Rekordflug: Der Amerikaner Charles Jaeger fliegt die raketengetriebene Bell X-1 **zum ersten Mal schneller als der Schall.**

1947 Dem **größten jemals gebauten Flugzeug,** der Spruce Goose, gelingt ein Flug über 1,6 km. Es hatte acht Motoren und eine Spannweite von der Länge eines Fußballfeldes.

1949 Das **erste Düsenpassagierflugzeug,** die De Havilland Comet, wird in Dienst gestellt.

1953 Der **erste Flug eines Senkrechtstarters** gelingt.

1958 Die ersten Düsenflugzeuge überqueren **mit Passagieren an Bord** regelmäßig den Atlantik.

1968 Die Tupolew Tu-144 ist das **erste Überschall-Passagierflugzeug der Welt.** Sie kann 120 Passagiere befördern und erreicht fast 2200 km/h.

1969 Der **erste Flug einer Boeing 747.** Dieses Flugzeug ist 59 m lang und hat über 400 Sitzplätze. In diesem Jahr fliegt auch die Concorde zum ersten Mal.

1970 Die **ersten Boeing 747** werden an die Fluggesellschaften ausgeliefert.

1976 Die Concorde nimmt ihren Passagierdienst auf und ist seitdem das **einzige Überschallflugzeug der zivilen Luftfahrt.**

1989 Jungfernflug der Northrop B2 Spirit, **dem ersten Flugzeug, das vom Radar nicht erfasst werden kann.**

1991 Der **Airbus A-340** fliegt zum ersten Mal.

2003 Bereits im Jahr 2000 wurde der Flugbetrieb der **Concorde** auf Grund eines tragischen Absturzes vorübergehend eingestellt. Im Herbst 2003 trat das berühmte Überschallflugzeug seinen letzten Flug ins Museum an.

2005 Der **Airbus A-380** präsentiert sich auf seinem Erstflug der Öffentlichkeit. Der Doppelstöcker gilt derzeit als größtes Passagierflugzeug.